CONOZCA LA IGLESIA PRIMITIVA

Ralph Earle, Th.D.

cnp

Casa Nazarena de Publicaciones

Publicado por
Casa Nazarena de Publicaciones
17001 Prairie Star Parkway
Lenexa, Kansas 66220 USA
Sexta edición, 1993

Traductor: Bárbara Galván

ISBN 978-1-56344-565-1

Originalmente publicado en inglés con el título:
Meet the Early Church
By Ralph Earle
Copyright © 1959
Published by Beacon Hill Press of Kansas City
A division of Nazarene Publishing House
Kansas City, Missouri 64109 USA

A mi mejor amiga sobre la tierra,
  Mi esposa
Copastora de nuestra "iglesia primitiva,"
Compañera por veintisiete años,
Ayudante constante a mi lado.

Prefacio

Ha sido la convicción del autor que uno de los medios más importantes del crecimiento en la gracia es el estudio libro por libro de la Biblia—especialmente del Nuevo Testamento. Pero muchos darían eco a las palabras del eunuco etíope: "¿Y cómo podré (entender) si alguien no me enseñare?"

Para todos los cristianos, y especialmente los de persuasión *wesleyana*, el libro de los Hechos es de suma importancia entre los libros del Nuevo Testamento. El volumen presente es un guía al estudio de los Hechos, no un substituto para las lecturas de ese libro. El mejor provecho será para quien tiene su Biblia abierta y la marca mientras lee estas páginas.

También se puede recibir ayuda leyendo *Conozca su Nuevo Testamento*, capítulo V, del mismo autor. Se dará atención especial al contenido de los Hechos por capítulos. Los asuntos de introducción—como el autor, la fecha, y el propósito—se tratan en esos volúmenes ya existentes y por eso no se discuten aquí. Más bien el propósito ha sido el de ayudar a dominar el contenido general del Libro de los Hechos.

Para poder relacionar mejor al estudiante con el texto mismo, todos los títulos y subtítulos—con muy pocas excepciones—se dan exactamente como aparecen en la Escritura.

El nombre *Los Hechos* sugiere que éste es un libro de acción. Y así es. Desde el primer capítulo hasta el último hay algo excitante. La ascensión de Jesús, el Pentecostés, la sanidad de un cojo incapacitado, el encarcelamiento de los apóstoles, la muerte de Ananías y Safira—todos estos son sucesos que merecen un encabezado en los periódicos. El libro de los Hechos es tan fresco como la mañana.

—Ralph Earle Jr.

Contenido

Primera Parte: En Jerusalén (caps. 1—7)

Llenos del Espíritu Santo (caps. 1—3)

Y fueron todos llenos del Espíritu Santo (2:4).

I. "Esperad la Promesa" (capítulo 1)

1. *Recibiréis Poder* (1:1-11)

a. *El primer tratado* (1:1). Esta frase evidentemente se refiere al tercer Evangelio, que también fue escrito por Lucas. De esto no puede haber ninguna duda razonable. Los dos libros están dirigidos a Teófilo, a quien no se menciona en ninguna otra parte del Nuevo Testamento. Tal vez haya sido un cliente rico de Lucas, que pagó el costo de la publicación de estos dos volúmenes. Son los libros más largos del Nuevo Testamento.

La palabra "comenzó" en este versículo es significativa. El Evangelio de Lucas cuenta lo que Jesús *comenzó* a "a hacer y a enseñar—sus obras y sus palabras. El libro de los Hechos relata lo que *siguió* haciendo por medio del Espíritu Santo y por sus discípulos.

b. *Seréis bautizados con el Espíritu Santo* (1:2-5). El Evangelio de Lucas termina con la ascención de Jesucristo—hasta el día en que "fue llevado arriba." El libro de los Hechos principia con el mismo suceso.

Las apariciones de Jesús después de su resurrección siguieron por un período de "cuarenta días" (v. 3). Este es el único lugar en el Nuevo Testamento donde se declara esto. Siendo que la fiesta del Pentecostés llegó cincuenta días después de la pascua de los hebreos concluímos que los discípulos esperaron la llegada del Espíritu Santo como diez días.

Jesús fue muy explícito en su mandamiento a los discípulos de no salir de Jerusalén hasta haber recibido "la promesa del Padre" (v. 4). Sin ser llenos del Espíritu no estarían preparados para llevar a cabo la Gran Comisión (Mateo 28:19-20).

Juan bautizó con agua. Pero los discípulos de Jesús estaban para ser "bautizados con el Espíritu Santo" (v. 5). Este es el bautismo cristiano distintivo. ¿Por qué entonces se pone tanto énfasis hoy sobre el bautismo con agua y hay un silencio completo sobre el bautismo con el Espíritu Santo?

c. *Seréis testigos* (1:6-8). Las mentes de los discípulos todavía estaban fijas en un reino terrenal del Mesías: "Señor, ¿restaurarás el reino a Israel en este tiempo?" El les señaló la cosa que era importante—la venida del Espíritu Santo.

Hechos 1:8 es el versículo clave del libro. Nos da a la vez el poder y el programa de la Iglesia de Jesucristo. El poder es el Espíritu Santo; el programa es la evangelización del mundo. Sin éste, aquél es cosa vana. Nadie puede estar lleno del Espíritu Santo y no tener a la misma vez un interés en la evangelización del mundo.

Este versículo nos da además un bosquejo con tres puntos del libro: I. Testificando en Jerusalén (capítulos 1—7); II. Testificando por toda Judea y en Samaria (capítulos 8—12); II. Testificando en el mundo de los gentiles (capítulos 13—28).

d. *Fue alzado arriba* (1:9-11). Este relato de la ascensión es más grande que el anterior (Lucas 24:50-51). Dice cómo dos visitantes angelicales aseguraron a los discípulos curiosos que "este mismo Jesús" (v. 11) volvería algún día. Esta es una promesa preciosa de la Segunda Venida.

2. *Un Aposento Alto* (1: 12: 26)

a. *En oración y ruego* (1: 12-14). Tal como se declara también en Lucas 24: 52, los discípulos volvieron a Jerusalén inmediatamente después de la ascención. En Lucas 24: 50 dice que este suceso tuvo lugar en Betania. Aquí dice, "el monte que se llama del Olivar" (v. 12). Pero como la aldea de Betania está situada en la bajada oriental del monte del Olivar, no hay contradicción especialmente si traducimos "a" en Lucas como "hacia." "Camino de un día de reposo," era como una milla, y esto es aproximadamente la distancia desde la muralla oriental de Jerusalén hasta la cumbre del monte del Olivar.

Al llegar a la ciudad los discípulos "subieron al aposento alto" (v. 13). Esta era la residencia temporal de los once apóstoles, que se nombran aquí. Con excepción de Judas Iscariote, quien ya había muerto, esta lista es casi exactamente igual a la dada en los Evangelios sinópticos (Mateo 10: 2-4; Marcos 3: 16-19; Lucas 6: 14-16). Solamente será necesario relacionar a "Judas hermano de Jacobo" en los relatos de Lucas con "Tadeo" en las demás listas. Siendo que muchos de los personajes del Nuevo Testamento se designan por dos o tres nombres, esta identificación no es difícil.

Junto con éstos en la oración había varias mujeres, incluyendo María la madre de Jesús, y sus hermanos (v. 14). Este último hecho es de interés especial, puesto que en Juan 7: 5 se dice que sus hermanos no creían en él. Evidentemente su resurrección los convenció. Pablo menciona la aparición de Jesús a Santiago (I Corintios 15: 7), quien regularmente está identificado como hermano de Cristo.

b. *Matías* (1: 15-26). Aquí dice que el número total de discípulos que esperaban en obediencia el mandamiento de Jesús "eran como ciento veinte" (v. 15). Pablo menciona que "más de quinientos hermanos" habían visto a Jesús después de su resurrección. ¿Habrá más de la cuarta parte de los miembros de nuestras iglesias hoy que obedecen el mandamiento de Cristo de ser llenos del Espíritu?

Pedro sintió interés por llenar la vacante en el círculo apostólico causado por la ausencia de Judas. Así que les habló. Primeramente llamó su atención a la muerte trágica del traidor. La descripción dada aquí (v. 18) difiere notablemente de la que se presenta en Mateo 27:5, donde dice que Judas "fue y se ahorcó." Pero se pueden armonizar los relatos considerando que Judas se ahorcó en un árbol cerca de la orilla de un precipicio al sur de Jerusalén. Si la rama del árbol o la cuerda se rompió, fácilmente se habrá despedazado el cuerpo del traidor en las rústicas rocas de abajo.

Tampoco hay contradicción entre las dos razones del nombre "campo de sangre" (v. 19; Mateo 27:6-8). Las dos explicaciones bien podían ser conocidas en el tiempo de Lucas: una (la de Mateo) aceptada por los gobernadores judíos, y la otra (dada aquí) contada popularmente.

Pedro sugirió lo que consideró ser cualidades de un apóstol. Debía ser uno que había estado con Jesús desde el principio de su ministerio público y que también le había visto después de su resurrección (v. 21-22).

Los apóstoles nombraron dos candidatos y oraron que el Señor escogiera entre ellos (v. 24). Matías fue elegido, pero no se menciona otra vez en el Nuevo Testamento. Pablo llegó a ser el gran apóstol de la Iglesia Primitiva. Y después del Pentecostés no se menciona la idea de echar suertes.

II. El Día del Pentecostés (capítulo 2)

1. *Fueron Todos Llenos* (2:1-13)

a. *Llenos del Espíritu Santo* (2:1-4). "El día de Pentecostés" (20:16) es el nombre del Nuevo Testamento para la "Fiesta de las Semanas" del Antiguo Testamento (Deuteronomio 16:10). Se llamaba así porque sucedía siete semanas después de la Fiesta de las Primicias (Levítico 23:10), que simbolizaba la Resurrección. "Pentecostés" viene de la palabra griega que quiere decir "cincuenta." Este nombre se adoptó porque la fiesta tuvo lugar cincuenta días después de las cosechas (Levítico 23:16). Era una de las tres grandes fiestas anuales a la que cada varón tenía que asistir (Deuteronomio 16:16). Las otras dos eran la de los Panes sin Levadura (la Pascua de los hebreos) y la Fiesta de los Tabernáculos. Se dice que esta era la fiesta más popular, puesto que la Pascua tenía lugar al principio de la primavera, cuando el Mediterráneo todavía era un poco peligroso para cruzar. De aquí que vinieran más judíos de la Dispersión para la Fiesta de Pentecostés (véase v. 5).

Cuando los discípulos estaban "todos unánimes" (v. 1)—en el aposento alto de 1:33—de repente un estruendo como de un viento recio llenó la casa. Esto fue seguido por un fuego que hinchió el cuarto. Y sobre cada presente se asentó una lengua como de fuego. Todos fueron llenos del Espíritu Santo y comenzaron a "hablar en otras lenguas" (v. 4).

¿Por qué toda esta manifestación espectacular? Tal vez parte de la respuesta, a lo menos, se halle al notar un paralelo en el Antiguo Testamento. Los judíos creían que la Fiesta de Pentecostés era para conmemorar la promulgación de la ley en Sinaí. La descripción de este suceso dice que en el tercer día "vinieron truenos y relámpagos y espesa nube sobre el monte y sonido de bocina muy fuerte. . . . Todo el monte se estremecía en gran manera" (Exodo 19:16-18).

¿Por qué la demostración divina? Porque Dios estaba dando la ley a su pueblo y quería que estuvieran conscientes de su autoridad divina. Fue la inauguración de una nueva época.

Semejante era el significado de este memorable Día de Pentecostés. Se iniciaba una nueva época: la del Espíritu Santo. Dios presentó una ceremonia poderosa de inauguración. Pero no se asegura hoy día que todas ni aún que alguna de estas señales deben acompañar la venida del Espíritu Santo al corazón individual. La cosa esencial es: "Fueron todos llenos del Espíritu Santo."

Tal vez sea necesario decir una palabra más sobre el hablar en lenguas. Este fenómeno se menciona solamente dos veces más en los Hechos (10:46; 19:6)—aunque "lleno del Espíritu Santo" es la frase clave del libro. De los demás veinte y seis libros del Nuevo Testamento solamente *uno* hace referencia al hablar en lenguas. En I Corintios, capítulos 12—14, Pablo discute los dones espirituales, y particularmente el don de lenguas. Es evidente que los corintios estaban glorificando el ejercicio de este don causando así mucha confusión. Junto con esto había divisiones en la iglesia (capítulos 1—4), un caso notorio de la inmoralidad (capítulo 5), proceso de juicio entre los miembros de la iglesia (capítulo 6), embriaguez en la Santa Cena (capítulo 11) etcétera. Debe ser prueba de que el don de lenguas no era verdadera evidencia de la espiritualidad. El capítulo precioso del amor (I Corintios 13) está puesto directamente en el centro de esta discusión de lenguas (I Corintios 12—14) y es la respuesta de Dios a los problemas difíciles.

b. ¿*Qué es esto?* (2:5-13). La excitación hizo que un gran gentío se acercara. Como quince naciones distintas estaban representadas en la multitud allí reunida. Sin embargo cada uno oyó a los discípulos hablar su propia lengua. La sorpresa fue aún más grande siendo que los que hablaban eran galileos (v. 7). La gente de Galilea era considerada por los judíos de Judea como inferior en educación y en cultura.

El gentío se dividía en "judíos" y "prosélitos" (v. 10). Estos eran los gentiles que habían sido convertidos al judaísmo.

Algunas de las personas estaban confundidas. Preguntaron: "¿Qué quiere decir esto?" (v. 12). Otras eran un tanto cínicas. Su veredicto fue: "Están llenos de mosto" (v. 13).

2. Pedro . . . Alzó la Voz (2:14-36)

a. *Esto es lo dicho* (2:14-21). Pedro comenzó su sermón con una introducción doble. Primeramente negó la acusación de embriaguez (v. 15). Eran solamente las nueve de la mañana, y "los que se embriagan, de noche se embriagan" (I Tesalonicenses 5:7). En segundo lugar declaró: "Mas esto es lo dicho por el profeta Joel" (v. 16). Entonces citó Joel 2:28-32a. El Pentecostés era el derramamiento del Espíritu profetizado por el profeta. "Los postreros días" (v. 17) quiere decir "los días del Mesías."

b. *Matasteis . . . crucificándole* (2:22-23). El sermón mismo—después de la introducción anterior—está dividido en tres partes. Primero Pedro trata con la crucifixión de Jesús (vrs. 22-23), después con su resurrección (vrs. 24-32), y finalmente con su exaltación (vrs. 33-36). Su conclusión es que Jesús es el Mesías (v.36).

Pedro señaló una paradoja interesante. Declaró que Jesús fue "entregado por el determinado consejo y anticipado conocimiento de Dios," pero a la misma vez afirmó: "prendisteis y matasteis por manos de inicuos, crucificándole" (v. 23). El hombre actúa por libre escogimiento y sin embargo Dios lleva a cabo su propósito eternal. La libertad humana y soberanía divina son dos hechos inescapables de toda nuestra actividad. Los dos están relacionados en la trama de nuestra vida diaria.

c. *Dios levantó* (2:24-32). La crucifixión era una parte íntegra—sí, la parte central—del plan de Dios de la redención. Pero sin la resurrección hubiera estado incompleta. La resurrección era la prueba de que el sacrificio de Jesús fue aceptado. Fue "entregado por nuestras

transgresiones, y resucitado para nuestra justificación"
(Romanos 4:25).

Pedro citó (vrs. 25-28) Salmos 16:8-11. Mostró que
estas palabras no podían ser aplicadas al escritor del
salmo, porque el sepulcro de David estaba allí mismo en
Jerusalén (v. 29). Más bien era una profecía de Cristo,
cuyo cuerpo no vio corrupción (v. 31). Su resurrección había sido completamente afirmada (v. 32).

d. *Exaltado por la diestra de Dios* (2:33-36). La
glorificación o exaltación de Jesús "por la diestra de Dios"
(v. 33), tenía que preceder al derramamiento del Espíritu Santo (Juan 7:39). David no había ascendido al
cielo (v. 34). Pero Jesús sí, y por eso fue declarado "Señor y Cristo" (v. 36). Los judíos habían crucificado a su
Mesías.

3. *Para Vosotros es la Promesa* (2:37-41)

a. *¿Qué haremos?* (2:37) El resultado del sermón
de Pedro era la convicción del Espíritu. "Se compun-
gieron" es una traducción débil del verbo fuerte *kateny-
gesan*. Esto quiere decir "golpeado con violencia, atolon-
drado, aturrullado." La gente gritó: "¿Qué haremos?"

b. *Arrepentíos* (2:38-40). La respuesta de Pedro a
su pregunta fue un áspero "¡Arrepentíos!" Esto es lo que
los judíos demandaban que hicieran los gentiles, pero
los judíos mismos tenían que hacerlo. Es interesante notar que esto era la clave del ministerio de Juan el Bautista (Mateo 3:2) y que Jesús comenzó con la misma palabra (Mateo 4:17). Hoy día hay mucha necesidad todavía de este énfasis.

El verbo "arrepentirse" (*matanoeo*) literalmente
quiere decir "cambiar la mente." Demasiado de lo que
se llama arrepentimiento en nuestro día consiste en sen-
tirse triste, derramar lágrimas, experimentar un des-
canso emocional—y luego volver al mismo modo orgu-
lloso y pecaminoso de vivir. El arrepentimiento verda-

dero es un cambio completo de la actitud de la persona hacia sí mismo, hacia Dios, hacia el pecado y hacia el mundo. Es más que un dolor; es dolerle lo suficiente para dejarlo.

Los buscadores arrepentidos estaban para ser bautizados en el nombre de Jesucristo (v. 38). Para los judíos esto quería decir aceptar a Jesús crucificado como su Mesías. (*Cristo* en el griego es el equivalente a *Mesías* en el hebreo). Con la "remisión de pecados" eran candidatos para recibir "el don del Espíritu Santo." "Porque para vosotros es la promesa" (v. 39), pero también alcanza hasta nosotros.

c. *Como tres mil personas* (2:41). El resultado de esta primera predicación cristiana fue que "aquel día". como tres mil almas fueron añadidas al grupo pequeño de discípulos. La venida del Espíritu Santo había producido un milagro sólido.

4. *Perseveraban* (2:42-47)

a. *En el partimiento del pan* (2:42-43, 46). No era una experiencia emocional en efervescencia que recibieron los nuevos convertidos: "Perseveraban en la doctrina de los apóstoles, en la comunión unos con otros, en el partimiento del pan y en las oraciones." Es probable que la primera frase se refiera a los períodos de instrucción (en el griego, "doctrinar" es "enseñar"), la segunda al servicio de comunión, y la tercera a los tiempos de oración pública. Entretanto los apóstoles continuaban su ministerio milagroso (v. 43). Los discípulos todavía asistían a las horas de oración "en el templo" (v. 46; véase 3:1), pero también tenían sus propios servicios en casas particulares.

b. *En común todas las cosas* (2:44-45). Muchas veces se cree que la Iglesia Primitiva tenía en común todas las cosas. En efecto, a veces se le aplica la frase "comunismo cristiano." Pero un estudio cuidadoso del texto

griego no sostiene esto. Literalmente el versículo 45 dice:
"Y vendían (de vez en cuando) sus propiedades y sus
bienes y los repartían (de vez en cuando) a todos según
la necesidad de cada uno." En otras palabras, según la necesidad, los que tenían propiedades las vendían. Esto es
un cuadro de consagración cristiana, no de comunismo.

c. *El Señor añadía* (2:47). La última parte de este
versículo dice clara y sencillamente en el griego: "Y
el Señor añadía cada día a la iglesia los que estaban
siendo salvos." La idea de predestinación divina que se
sugiere en algunas versiones—"los que habían de ser salvos"—no tiene el apoyo del texto griego de este pasaje. Todo lo que dice es que los que se convertían
estaban siendo añadidos. ¡La nueva comunidad cristiana
estaba viva y creciendo!

III. Pedro y Juan (capítulo 3)

1. *A la Puerta del Templo* (3:1-11)

a. *Un hombre cojo* (3:1-3). Pedro y Juan iban al
Templo para la hora de oración a las tres de la tarde.
Junto a la puerta la Hermosa—en el lado este—vieron a
un mendigo, cojo de nacimiento, a quien ponían cada día
en este lugar para pedir limosna de los que entraban en el
Templo. Desde allí habló a los dos apóstoles.

b. *Levántate y anda* (3:4-11). Las esperanzas del
hombre fueron estimuladas cuando Pedro dijo: "Míra-
nos." Pero pronto fueron destruídas por su siguiente declaración: "No tengo plata ni oro." El apóstol tenía algo
más que el oro—Dios. "En el nombre de Jesucristo de
Nazaret," mandó al cojo, "levántate y anda" (v. 6).

Lo que Pedro dio al hombre era mucho mejor que el
dinero; era la capacidad de ganar su propio sostén. El
trabajo es una de las bendiciones más reales para la
humanidad—física, psicológica, mental, moral, social, y
espiritualmente. Nuestros hospitales, instituciones men-

tales y prisiones estarían aún más llenos de gente de lo que están si no fuera por el valor terapéutico del trabajo.

Sanado por el poder de Dios, el cojo respondió inmediatamente al desafío de Pedro. "Saltando" (v. 8)—la palabra griega se encuentra solamente aquí en el Nuevo Testamento—el hombre "se puso en pie," por primera vez en su vida. Pero no se detuvo allí. Comenzó a andar y continuó andando (tiempo imperfecto). Con los dos apóstoles entró en el templo, "andando, y saltando, y alabando a Dios." ¿Quién tenía más derecho de hacerlo? Tenía que compensar por el tiempo que había perdido.

Mientras el hombre "tenía asidos a Pedro y a Juan" —su alegría exuberante no tenía límites—pronto se reunió en el Pórtico de Salomón una multitud. Este era un pasillo largo cubierto, como corredor que pasaba por el lado interior de la pared este del templo (que cubría como diez hectáreas).

2. *Pedro Respondió al Pueblo* (3:12-26)

a. *Vosotros negasteis al Santo* (3:12-18). Pedro no era de los que pierden la oportunidad ofrecida por una audiencia ya reunida. Su personalidad impulsiva, ahora llena del Espíritu, sería propia para la ocasión. Por segunda vez (véase 2:14) predicó a un gentío excitado que se había reunido de repente.

Su introducción fue al principio otra vez en sentido negativo: "¿Por qué ponéis los ojos en nosotros, como si por nuestro poder o piedad hubiésemos hecho andar a éste?" (v. 12) No, no fue de nosotros, mas Cristo: "Y por fe en su nombre . . . le ha confirmado su nombre; y . . . ha dado a éste esta completa sanidad" (v. 16). Fue aquel nombre que Pedro invocó cuando mandó al cojo que se levantara (v. 6).

Y otra vez (véase 2:23)—con más vehemencia y con más énfasis—acusó a estos "varones israelitas" (v. 12) de haber matado a su Mesías. Su verdadero crimen fue que "negasteis al Santo" (v. 14). Notemos el contraste sorprendente: "Mas vosotros negasteis al Santo y al Justo, y pedisteis que se os diese un homicida." Prefirieron a Barrabás—un sedicionista que odiaba y mataba—antes que a Jesús, el que sanaba a los enfermos, daba vista a los ciegos, hacía a los cojos andar, limpiaba leprosos, levantaba muertos, echaba fuera demonios, y predicaba un mensaje de amor a los pobres. No solamente eso, pero era el Autor de la vida. —¡Increíble que los hombres hicieran tal escogimiento!—decimos. Pero eso es exactamente lo que hace cada pecador cuando abraza el pecado que le traerá la muerte eterna y rechaza al Jesús tierno y manso, el único que puede dar la vida eterna.

b. *Arrepentíos y convertíos* (3:19-26). La conversión verdadera siempre está precedida por el arrepentimiento. Esta se menciona una y otra vez en los Evangelios y en los Hechos. A los que se arrepienten Dios enviará a Jesucristo" (v. 20).

La frase, "los tiempos de la restauración de todas las cosas" (v. 21), ha sido aceptada con ardor por los que enseñan el universalismo absoluto, es decir, que todos los hombres, no importa cuán malos al tiempo de su muerte, serán al fin salvos. Pero esta frase está claramente restringida por el modificador que sigue: "que habló Dios por boca de sus santos profetas." Y en ninguna parte del Antiguo Testamento se enseña la salvación universal. Se provee para todos y está disponible a todos. Pero nunca se declara que será aceptada por todos.

La cita en el versículo 22 (de Deuteronomio 18:15) se encuentra otra vez en la oración de Esteban (7:37). Aplicándose primeramente a Josué, el sucesor de Moisés como líder de Israel, apuntaba por siglos a Cristo, el Mesías. Esto es lo que se llama el "principio telescópico de la profecía"—que muchas profecías tienen un cumplimiento parcial en la situación del Antiguo Testamento y un cumplimiento completo y final en Cristo.

PREGUNTAS

1. ¿Por qué mandó Jesús a sus discípulos que esperaran?

2. ¿Cuál es la relación entre la santidad y las misiones?

3. ¿Cuáles son las tres divisiones de los Hechos?

4. ¿Qué sucedió en el Día de Pentecostés?

5. Describa el compañerismo en la Iglesia Primitiva.

6. ¿Qué pasó después de la sanidad del cojo?

Capítulo II

No Hay Otro Nombre (caps. 4—7)

Y *en ningún otro hay salvación;* porque no hay otro *nombre bajo el cielo, dado a los hombres, en que podamos ser salvos* (4:12).

I. Poder, Oracion y Persecucion (capítulos 4-7)

1. *¿Con qué potestad . . . habéis hecho vosotros esto?* (4:1-22)

    a. *Anunciasen . . . la resurrección* (4:1-4). Pedro había predicado dos sermones. En los dos había acusado a los líderes judíos de haber crucificado a su Mesías. Era inevitable que viniera la persecución.

    Eran "los sacerdotes, el jefe de la guardia del templo, y los saduceos" quienes encabezaron la oposición. Todos estos eran saduceos. En los Evangelios Sinópticos la mayor parte de los antagonistas de Jesús eran fariseos. Pero cuando limpió el Templo el lunes de la Semana Santa, se interpuso con los negocios lucrativos de los sacerdotes, que controlaban el área del Templo. Esto les irritó y fueron ellos los que incitaron a la gente a demandar la crucifixión de Jesús (Marcos 15:11). Es evidente que la limpieza del templo fue una de las crisis mayores que resultaron en la muerte de Jesús.

    Había otra razón por la que los saduceos dirigieron la persecución de los discípulos: éstos anunciaban "en Jesús la resurrección de entre los muertos" (v. 2). Los saduceos no creían en ninguna resurrección (véase 23:8). Así que odiaban particularmente la enseñanza de los apóstoles.

Pedro y Juan fueron arrestados y puestos en la cárcel (v. 3). Pero su predicación ya había traído fruto en abundancia: "como cinco mil" eran ahora creyentes (v. 4). Esto no quiere decir que cinco mil más fueron salvos en esta vez. El griego dice: "El número de varones *llegó a ser* como cinco mil." En otras palabras, el total de la membresía de varones—la palabra griega es *aner*, no *anthropos*—llegó hasta cinco mil.

b. *Pedro, lleno del Espíritu Santo* (4:5-12). El Gran Sanedrín en Jerusalén se componía de "gobernantes, ancianos y escribas." Los "gobernantes," o sacerdotes, eran principalmente saduceos. La mayor parte de los "escribas" eran fariseos. Ellos enseñaban la ley de Moisés al pueblo. Los "ancianos" tenían autoridad administrativa en las sinagogas. Tal vez esto haya sido un título general para los miembros del Sanedrín.

Anás se menciona aquí como un sumo sacerdote (v. 6). En realidad había sido sumo sacerdote del 6 al 15 D.C. Cinco de sus hijos le sucedieron en el oficio. En este tiempo particular Caifás (18 al 36 D.C.), su yerno, era el sumo sacerdote oficial (Juan 18:13). Pero Anás era todavía el hombre de poder en el trono.

Puede ser que Juan sea el nombre abreviado de "Jonatán," quien le sucedió a Caifás en 36 D.C. La identidad de Alejandro se desconoce. Pero todos estos pertenecían a la familia de los sumos sacerdotes. Ellos estarían incluídos en el Sanedrín (v. 5), no fuera de él. De hecho, el sumo sacerdote era el presidente del Sanedrín.

Los apóstoles fueron puestos "en medio" (v. 7). Los miembros del Sanedrín se sentaron en un semicírculo, para que pudieran observarse las reacciones de los demás.

La investigación preliminar legal principió con la pregunta: "¿Con qué potestad, o en qué nombre, habéis hecho vosotros esto?" Evidentemente "esto" tenía referencia a la sanidad del cojo (véase v. 9).

Pedro, *lleno del Espíritu Santo,* tuvo el poder necesario para la ocasión. Con valor se enfrentó con ese semicírculo de caras mirándole con disgusto y declaró que fue en el nombre de Jesucristo de Nazaret, "a quien vosotros crucificasteis." ¡El acusado en el conjunto de abogados en el tribunal se había convertido en el abogado acusador!

Muchas veces se ha declarado que la resurrección de Jesús fue lo que cambió a Pedro de un cobarde temeroso, que perdió su valor ante el dedo acusador de una criada, a un cruzado valiente, enfrentándose con el Sanedrín y hablando con un denuedo tal que bien pudo causarle su muerte. Pero los relatos del Nuevo Testamento no prueban esto. Ni una sola vez se ve a Pedro actuando así durante los cincuenta días entre el día de la Resurrección y el Pentecostés. Lo vemos escondiéndose detrás de puertas cerradas y patrocinando un viaje de pesca en Galilea. No fue la Resurrección sino el Pentecostés lo que transformó a Pedro de una piedra débil que rodaba, a un guerrero fuerte y sólido como una roca. "Lleno del Espíritu Santo"—ese era el secreto.

Uno de los más grandes textos en los Hechos es el versículo 12, citado al principio de este capítulo. La salvación solamente por medio del nombre de Jesucristo era de veras una doctrina revolucionaria para los judíos.

c. *Habían estado con Jesús* (4:13-22). La expresión "hombres sin letras y del vulgo" no implica que no pudieran leer ni escribir. Más bien quiere decir que eran laicos comunes, sin la enseñanza teológica de las escuelas rabínicas de ese día. Pero "habían estado con Jesús."

Desgraciadamente para los líderes judíos, ellos no podían negar el milagro. Porque allí estaba parado el que antes era cojo (v. 14).

Sacando a los dos apóstoles fuera del Sanedrín, tuvieron una conferencia privada (v. 15). Decidieron que la única cosa que podrían hacer sería amenazar a los predicadores (v. 17). Les dieron órdenes estrictas de que "en ninguna manera hablasen ni enseñasen en el nombre de Jesús" (v. 18). Pero Pedro y Juan respondieron: "No podemos dejar de decir lo que hemos visto y oído" (v. 20).

La mención de "cuarenta años" (v. 22) es con la intención de recalcar que la condición del hombre era tan crónica como para vivir completamente sin esperanza. Esto hizo de mucho más valor el "milagro de sanidad."

2. *Cuando Hubieron Orado* (4: 23-37)

a. *Vinieron a los suyos* (4: 23-30). "Y puestos en libertad, vinieron a los suyos"—esto expresa una ley de la vida. Lo que hacemos en nuestro tiempo libre—cuando no hay restricciones del hogar, la iglesia, los vecinos y los amigos—revela y a la vez modela nuestro carácter. ¿Qué clase de compañerismo escogemos cuando todas las restricciones exteriores están ausentes? El carácter es lo que la persona es cuando sabe que nadie le descubrirá.

El informe de los dos apóstoles resultó en un servicio de oración. La petición de estos creyentes perseguidos es cosa sorprendente. No pidieron protección, sino el poder para ser testigos (v. 29)—¡a pesar de las consecuencias!

b. *El lugar . . . tembló* (4: 31). Su oración fue contestada inmediata y completamente. "Todos fueron llenos del Espíritu Santo, y hablaban con denuedo la palabra de Dios." Sí, y en el siguiente capítulo los vemos otra vez en la cárcel.

c. *Abundante gracia era sobre todos ellos* (4: 32-37). Esta porción es semejante a 2: 42-47. Las dos describen una comunión del espíritu que les llevó hasta tener una comunidad de bienes. Los discípulos primitivos tenían un concepto alto de la mayordomía: nada que poseían era de ellos; todo estaba a la disposición de Dios para el bien de todos (v. 32). Con esta consagración santa recibieron "gran poder" para testificar, y "abundante gracia" sobre todos ellos (v. 33).

Pero que esto no incluía la abolición de propiedades particulares, se demuestra en el segundo capítulo, por el uso del tiempo imperfecto. Cinco ejemplos de esto ocurren en los versículos 34 y 35, y además dos participios presentes—todos ellos indican que la acción ocurría de vez en cuando, no toda a la vez. Una traducción literal de estos dos versículos sería: "Así que no había entre ellos ningún necesitado, porque todos los que eran poseedores de heredades o casas, vendiéndolas, traían el precio de lo vendido y lo ponían a los pies de los apóstoles, y repartiéndolo a cada uno cuando alguien tenía necesidad." Esto es algo completamente distinto a una entrega inmediata y completa de los derechos de propiedad a una organización de la comunidad, como se requeriría en la base de una mala interpretación de este pasaje.

El hecho de que no todos vendían sus propiedades y ponían la ganancia en una tesorería común se ve por el caso de Bernabé, quien se menciona por nombre (v. 36-37). Todavía más enfático es lo que dijo Pedro a Ananías (5:4) que no tenía ninguna obligación de vender su heredad y que cuando la había vendido no tenía que traer el dinero a la iglesia.

El significado del nombre Bernabé se da como "hijo de la consolación." Pero la frase griega también puede ser traducida "hijo de la exhortación." En realidad Bernabé era las dos cosas. La derivación del hombre arameo "Bernabé" es incierto.

3. *Ananías y Safira* (5:1-16)

a. *Sustrajo del precio* (5:1-11). El nombre Ananías quiere decir "El Señor es benévolo," y Safira quiere decir "Hermosa." Como pasa muchas veces, estas dos personas fallaron en vivir de acuerdo con sus nombres.

La pareja hizo una conspiración. "Sustrajeron"—la palabra griega quiere decir "el acto de ocultar a hurtadillas"—una parte del precio. Es una coincidencia nota-

ble que este mismo término se use en conección con el
pecado de Acán (Josué 7:1). Tal vez la acción pronta de
Pedro salvó a la Iglesia de sufrir una derrota como pasó
con Israel.

El pecado por el cual Ananías y Safira murieron fue
la hipocresía. No fue que trajeran solamente una parte
sino que fingieron haberlo traído todo. Ananías sólo ac-
tuó en una manera mentirosa. Cuando a Safira le preguntaron, dijo deliberadamente una mentira. Pero los
dos mintieron. La mentira es sencillamente una intención de defraudar.

Evidentemente el propósito del juicio inmediato ad-
ministrado aquí era para impedir la hipocresía en la Iglesia Primitiva. Dos veces (vrs. 5, 11) dice que "gran temor" vino sobre todos los que oyeron. La gente tenía temor de reunirse con la iglesia sin sentir cierta precau-
ción (v. 13). Sin embargo, maravillosamente "los que
creían en el Señor aumentaban más, gran número así de
hombres como de mujeres" (v. 14). La poda apropiada
facilita el crecimiento.

La palabra "iglesia" ocurre aquí (v. 11) una de las
veinte y tres veces en el Libro de los Hechos. El término
griego "*ecclesia*" quiere decir "llamados." La palabra fue
aplicada a la asamblea de ciudadanos libres que podían
votar en una ciudad griega. En la septuaginta (traducción griega del Antiguo Testamento) se usa para
la "congregación" de Israel. Ambas explicaciones, especialmente la última, demuestran su uso en el Nuevo
Testamento. Los cristianos formaron el Nuevo Israel, el
pueblo de Dios en esta edad.

b. *Muchos milagros y prodigios* (5:12-16). Parece
que un lugar principal para las reuniones de los cristianos en Jerusalén era el pórtico de Salomón (v. 12; véase 3:11). El ministerio de los apóstoles estaba marcado
por "muchos milagros y prodigios" (v. 12), especialmente milagros de sanidad (vrs. 15-16). Sobre si estos mila-

gros todavía deben acompañar a la predicación del evangelio es cosa muy discutida. Tal vez se pudieran hacer tres observaciones. La primera es que los milagros no tienen el mismo valor como evidencia en el siglo veinte (a lo menos en el Occidente) como tenían en el primer siglo. La segunda es que la sanidad del alma es de mucho más importancia que la sanidad del cuerpo. La tercera es que probablemente la Iglesia de hoy debe dar más atención a la sanidad física (y mental) de lo que está dando. Por supuesto se debe reconocer que el crecimiento tremendo de la ciencia sobre la salud física y mental en tiempos modernos ha originado una situación distinta de la del primer siglo. Dios todavía puede sanar y lo hace, con la ayuda de médico o cirujano o sin ella. Pero se debe insistir en que al poner cualquier énfasis sobre la sanidad divina se deben evitar dos cosas: el comercialismo y la glorificación de uno mismo.

4. *Delante del Concilio* (5:17-42)

a. *Echaron mano a los apóstoles* (5:17-28). Los saduceos, guiados por el sumo sacerdote, arrestaron a los apóstoles y los pusieron en la cárcel por segunda vez (vrs. 17-18; véase 4:3). Pero esta vez "el ángel del Señor" abrió "de noche las puertas" (v. 19). Les dijo a los apóstoles que siguieran predicando en el Templo (v. 20). Se convocó a una reunión especial del Sanedrín ("concilio") (v. 21). Probablemente "los ancianos de los hijos de Israel" sea otro nombre para el Sanedrín. Cuando los oficiales que fueron enviados a traer a los acusados a la corte, aparecieron sin ellos causó grande inquietud (vrs. 21-24). Finalmente los supuestos prisioneros fueron descubiertos en el Templo. Y claro que estaban "enseñando al pueblo" (v. 25). El lenguaje de los versículos 27-28 revela la desesperación del Sanedrín casi al punto de perder la esperanza.

b. *Es menester obedecer a Dios* (5:29-32). La declaración de Pedro y los apóstoles, "Es menester obedecer a Dios antes que a los hombres," todavía debe ser un lema para cada cristiano. Otra vez Pedro acusó a los líderes judíos de haber matado al Mesías (v. 30). Lo que Israel necesitaba—tanto como los gentiles—era el arrepentimiento y el perdón de sus pecados (v. 31). El Espíritu Santo se da a "los que le obedecen" a Dios (v. 32). Esta es nuestra promesa hoy.

c. *Querían matarlos* (5:33-40). El resultado de las palabras de Pedro fue que los miembros del Sanedrín "Se enfurecían." Este mismo término se usa de nuevo en 7:54. Literalmente quiere decir "partir el alma." Es un término más poderoso que "compungidos" (2:37). Asi que "querían matarlos."

Afortunadamente Gamaliel intervino. Era el maestro en teología de Pablo (22:3), pero parece que el estudiante joven no se ha embebido de la disposición indulgente de su maestro. El gran "doctor de la ley" (v. 34) aconsejó que tuvieran cuidado. Citó los casos de Teudas (v. 36) y Judas el Galileo (v. 37), cuyos movimientos revolucionarios desaparecieron. Su conclusión fue que debían dejar a los apóstoles. Si su obra era de origen humano "se desvanecerá" (v. 38), pero si era ordenada divinamente estos líderes judíos estarían en mala posición de resistir a Dios (v. 39). El Sanedrín aceptó el consejo de Gamaliel. Habiendo azotado a los apóstoles (treinta y nueve azotes a cada uno) y mandado que no "hablasen en el nombre de Jesús" (v. 40), los dejaron ir.

d. *No cesaban de . . . predicar* (5:41-42). ¿Obedecieron los apóstoles este mandamiento? No, ellos recibían órdenes del cielo (véase v. 29). Así que, "todos los días, en el templo y por las casas, no cesaban de enseñar y predicar a Jesucristo" (a Jesús como el Mesías).

II. ESTEBAN (capítulos 6—7)

1. *Siete Varones* (6:1-4)

a. *Hubo murmuración* (6:1). Cuando hay más gente, hay más problemas, porque cada persona es un problema en potencia. Así que creciendo "el número de los discípulos" surgió el primer problema interno. Fue una amenaza más seria para el futuro de la Iglesia que el problema externo de la persecución.

La palabra "discípulos" ocurre en el Nuevo Testamento solamente en los Evangelios y en los Hechos. Aquí se encuentra por primera vez. Literalmente, quiere decir "escolares."

La palabra griega para "murmuración" sugiere el zumbido de las abejas. Los helenos (judíos que hablaban el griego) se estaban quejando en contra de los hebreos (judíos que hablaban el arameo), sintiendo aquéllos que sus viudas estaban siendo hechas a un lado en la repartición diaria de los alimentos. En aquellos días muchas viudas no tenían manera de ganarse la vida.

b. *Buscad pues . . . siete varones* (6:2-4). La situación era apropiada para una división en la iglesia. Pero la situación se solucionó por la acción pronta de los doce apóstoles. Convocaron a una reunión de toda la Iglesia y declararon que no era "justo que nosotros dejemos la palabra de Dios, para servir a las mesas" (v. 2). Sugirieron que fueran nombrados siete hombres para cuidar de las necesidades materiales de la Iglesia. Sus cualidades serían: "de buen testimonio, llenos del Espíritu Santo y de sabiduría" o tacto (v. 3). Mientras tanto los apóstoles estarían libres para dedicarse al ministerio espiritual de la oración y la enseñanza de la Palabra (v. 4).

Los siete nombrados no se llaman aquí diáconos (griego, *diakonoi*). Pero es interesante que *diakonia*, "ministración," ocurre en el versículo uno y *diakoneo*, "servir," en el versículo dos.

2. *Eligieron a Esteban* (6:5-15)

a. *Lleno de fe y del Espíritu Santo* (6:5-8). "Eligieron" quizá se refiera a la acción de toda la iglesia.

Esteban se describe como un hombre "lleno de fe y de
Espíritu Santo" (v. 5) y "lleno de gracia y de potencia."
Era inevitable que tendría un ministerio notable.

Todos los siete nombrados tenían nombres griegos.
Esto puede sugerir que eran helenos. De ser así, la iglesia mostró gran sabiduría y tacto en escogerlos para mi-
nistrar a las viudas helenistas. Mucho depende de la se-
lección de personas correctas para cualquiera obra. A
Nicolás se identifica como un prosélito (gentil convertido) de Antioquía. El interés de Lucas en Antioquía
(véase 11:19-30) se interpreta por algunos como que él
había nacido en esta ciudad.

El poner sus manos encima (v. 6) era la costumbre
antigua de ordenación (véase Números 27:18). Los judíos ordenaban así a sus rabinos.

El resultado de resolver este problema pronto y
adecuadamente fue que "crecía la palabra del Señor"
porque los apóstoles ya estaban libres para dar todo su
tiempo—"y el número de los discípulos se multiplicaba
grandemente" (v. 7). Aun "muchos de los sacerdotes"
aceptaron a Jesús como el Mesías. La falta en resolver
el problema pronto pudo haber resultado en fracaso y
derrota, como pasa muchas veces hoy.

b. *No podían resistir* (6:9-15). Mucho se ha dis-
cutido sobre si el versículo nueve se refiere a uno, dos,
tres, cuatro o cinco sinagogas. "Libertos" quiere decir
hombre libres (es decir, que antes eran esclavos), de los
cuales había grandes números en el Imperio Romano de
aquel día. Los "de Cirene y de Alejandría" vinieron del
norte del Africa. Cilicia y Asia estaban en Asia Menor.
Aquélla era la provincia natal de Pablo (22:3). La "sinagoga," mencionada frecuentemente en los Evangelios
se menciona aquí por primera vez en los Hechos. La palabra en el griego quiere decir sencillamente "reunirse."
Solo una vez en el Nuevo Testamento se usa por una congregación cristiana (Santiago 2:2). En otros lugares se
emplea *ecclesia*.

Los helenos disputaron con Esteban. Pero "no podían resistir a la sabiduría y al Espíritu con que hablaba" (v. 10). Así que acudieron a la violencia. "sobornaron"— "rogaron en secreto" o "instigaron"—a otros para que acusaran a Esteban de hablar "palabras blasfemas contra Moisés y contra Dios" (v. 11). Esto muestra cuán alta opinión tenían los judíos de Moisés en el tiempo de Jesús.

Entonces los helenos incitaron a la gente, arrebataron a Esteban, y lo trajeron al concilio (v. 12). Allí pusieron testigos falsos para que lo acusaran de hablar "palabras blasfemas contra este lugar santo y contra la ley" (v. 13). El Templo y la ley—estos eran especialmente sagrados para los judíos.

La acusación se basaba en un torcimiento de las enseñanzas de Cristo. Jesús había dicho: "Destruid este templo, y en tres días lo levantaré" (Juan 2:19). Fracasaron en reconocer que se refería a su cuerpo (Juan 2:21).

¿Qué reacción tuvo Esteban a esta oposición violenta y acusación falsa? Con "su rostro como el rostro de un ángel" (v. 15). Como el rostro de Moisés resplandeció cuando bajó del monte Sinaí (Exodo 34:30), así fue iluminado el rostro de Esteban por la presencia divina.

3. *El Altísimo No Habita en Templos* (7:1-53)

Este discurso largo de Esteban contiene un resumen de la historia del Antiguo Testamento desde Abraham, a través de José y hasta Moisés (note el bosquejo que se da abajo). En él, Esteban respondió a la acusación de que había blasfemado "este lugar santo" (el Templo, Jerusalén, Palestina) demostrando que otros lugares, aparte de la Tierra Santa, eran sagrados. Dios apareció a Abraham en Mesopotamia (v. 2). Estuvo con José en Egipto (v. 9). Se le apareció a Moisés en la llama de fuego de una zarza (v. 30). En efecto, aquel lugar fue declarado por Dios mismo ser "tierra santa" (v. 33). El discurso agrega una referencia breve a Josué,

David, y Salomón. Luego viene la oración clave: "si bien el Altísimo no habita en templos hechos de manos" (v. 48). En conclusión Esteban afirmó que sus oyentes, y no él, eran culpables de quebrantar la ley (v. 53).

a. *Abraham* (7:1-8). En Génesis se muestra el llamamiento a Abraham para dejar su tierra; se acepta que esto sucedió en Harán (Génesis 12:1-4). Pero Filón y Josefo declararon que Dios le apareció a Abraham en Mesopotamia (véase v. 2). La solución más fácil es deducir que el llamamiento vino primeramente cuando estaba en Ur de los Caldeos y después fue repetido en Harán cuando murió su padre (v. 4). Realmente Abraham mismo no heredó la tierra—"ni aun para asentar un pie" (v. 5)—pero le fue prometido que sus descendientes la poseerían. Primeramente sin embargo, tendrían que sufrir en servidumbre en tierra ajena (v. 6). Abraham fue circuncidado (v. 8) mucho antes de que se promulgara la ley en Sinaí.

b. *José* (7:9-16). Por envidia los hermanos de José lo vendieron como esclavo. Mas eso ayudó a José para ser el salvador de muchos en tiempos de carestía. Así que fue un tipo notable de Cristo, cuyos hermanos, los judíos, lo habían condenado a muerte a causa de la envidia, pero al hacerlo ayudaron a cumplir el propósito de Dios de proveer la salvación para toda la humanidad.

En la superficie parece haber contradicción entre la declaración de que Abraham compró un sepulcro en Siquem y las citas en el Antiguo Testamento que compró una cueva en Hebrón (Génesis 23) y que Jacob compró en Siquem (Génesis 33:19). Hay dos soluciones posibles para este problema. Puede ser que Abraham haya comprado tierra durante su estancia en Siquem, porque se nos dice que construyó un altar (Génesis 12:6-7). O los dos relatos de Génesis, de Abraham y de Jacob, pueden considerarse juntos en este breve resumen de la historia.

La mención de sepulcros patriarcales puede haber sido otra referencia intencional de Esteban a los lugares extranjeros que tenían asociaciones sagradas. Porque Siquem estaba al pie del monte Gerizim, donde los odiados samaritanos llevaban a cabo su adoración—y todavía lo hacen hoy.

c. *Moisés* (7:17-50). "Otro rey" (v. 18) de hecho se refiere a una nueva dinastía. Cuando José entró en Egipto, seguido por su padre y sus hermanos, aquel país era gobernado por los reyes extranjeros hiksos. Probablemente eran invasores semíticos de Asia y parientes lejanos de los israelitas. Eso explica la razón por la que José y sus parientes fueron tan bien recibidos por el faraón gobernante. Pero cuando los hiksos desaparecieron ganando el poder una dinastía nativa egipcia, los israelitas obviamente aliados con el grupo equivocado y sufrieron esclavitud como consecuencia. Es así como la arqueología ha aclarado los relatos de Génesis y Exodo.

Que Moisés era un niño hermoso—"agradable" (v. 20)—se confirma por Filón y Josefo, como también que "fue enseñado . . . en toda la sabiduría de los egipcios" (v. 22).

La vida de Moisés estaba dividida en tres períodos de cuarenta años. El primero fue en Egipto en el palacio de Faraón (véase v. 23). El segundo en Madián (vrs. 29-30). El tercero consistió de cuarenta años, como líder del pueblo de Israel en el desierto (v. 36). Moisés pasó dos tercios de su vida preparándose para llenar el mayor puesto de todos los personajes del Antiguo Testamento. La primera tercera parte la pasó en la escuela en la corte de Egipto, aprendiendo cómo ser rey—una preparación de mucho valor para organizar una nueva nación. La segunda tercera parte la pasó en meditación quieta aislado en el desierto. Estaba listo para pasar el último tercio de su vida haciendo una obra tremenda que de otro modo no podría haberse hecho. Esto debe ser una lección para todos los que buscan hacer alguna obra para Dios. Cuando Dios tiene una obra bastante grande para hacer, toma el tiempo suficiente para preparar a su siervo (por ejemplo, Lutero, Wesley). Demasiadas personas están listas a tener un ministerio mediocre por falta de preparación adecuada.

El cambio de "Damasco" (Amós 5:26) a "Babilonia" (v. 43) quizá se deba a que cuando Amós escribió (siglo ocho A.C.) la amenaza principal venía de Siria, mientras que Lucas consideró la situación a la luz de la cautividad Babilónica. "Renfán" (por Chiun) se debe a la versión griega, que Lucas estaba citando.

David (v. 45) y Salomón (v. 47) se mencionan, pero sólo por su interés en construir el Templo. Luego viene el resumen de todo el argumento de Esteban: Dios "no habita en templos hechos de manos" (v. 48). Se le puede encontrar en dondequiera que los hombres lo adoran (v. 49). Esta nota sobre la universalidad cortó los prejuicios nacionalistas de los judíos.

d. *Vosotros resistís siempre al Espíritu Santo* (7:51-53). Sobre si Esteban fue interrumpido en este punto o no es cuestión debatible. Es cierto que su tono cambió de repente, y parece razonable pensar que sintió una oposición creciente a su mensaje. Acusó a los líderes de los judíos de haber imitado a sus padres persiguiendo a los verdaderos profetas de Dios y también de tener la culpa por la muerte del Mesías (v. 52).

4. *Apedrearon a Esteban* (7:54-60)

a. *Crujían los dientes contra él* (7:54). La reacción de los oyentes de Esteban fue rápida y dura. "Se enfurecían" (aquí se emplea la misma palabra que en 5:33). Esta vez hicieron más y "crujían los dientes contra él," como un grupo de lobos aullando. El judaísmo se había vuelto a la selva.

b. *Veo . . . al Hijo del Hombre* (7:55-56). Esteban

estaba "lleno del Espíritu Santo" para enfrentarse a esta crisis. Mirando al cielo vio a Jesús "que está a la diestra de Dios," listo para dar a su alma una bienvenida, y así lo testificó (v. 56).

c. *Durmió* (7:57-60). Ahora el Sanedrín se convirtió en un populacho desordenado: "dando grandes voces, se taparon los oídos"—rehusando escuchar más—"Y arremetieron a una contra él" (v. 57). Para no profanar la ciudad santa le echaron "fuera" y "le apedrearon" (v. 58). Aquí por primera vez se menciona Saulo. El cuidó las ropas de los testigos, quienes estaban obligados por la ley a arrojar las primeras piedras (Deuteronomio 13:9).

La oración de Esteban en el versículo 59 nos recuerda las palabras de Jesús, "Padre, en tus manos encomiendo mi espíritu" (Lucas 23:46). Pero mucho más notable es su oración por el perdón de sus perseguidores (v. 60; véase Lucas 23:34). Esteban, el primer mártir, de veras poseyó el Espíritu de su Maestro.

"Durmió" (v. 60). De esta palabra en el griego viene nuestra palabra "cementerio." Estrictamente hablando se debe usar esta palabra para denotar el sepulcro de los que "duermen en Jesús" (I Tesalonicenses 4:14).

PREGUNTAS

1. ¿A qué predicación objetaron los saduceos?

2. ¿Qué tan grande creció la iglesia de Jerusalén?

3. ¿Cómo explica usted el valor de los apóstoles?

4. ¿Cuál fue el pecado de Ananías y Safira?

5. ¿Cuál fue el primer problema interno de la Iglesia y cómo se resolvió?

6. Relate la historia de Esteban.

Segunda Parte: En Toda Judea y en Samaria (caps. 8—12)

Capítulo III

Esparcidos a Otras Partes (caps. 8—12)

Todos fueron esparcidos por las tierras de Judea y de Samaria (8:1).

Con excepción de la conversión de Saulo (9:1-24) y la organización de la iglesia en Antioquía (11:19-30) todos los sucesos de estos cinco capítulos tuvieron lugar en Judea y en Samaria.

I. Felipe (capítulo 8)

Los dos principales sucesos de este capítulo son: (1) Felipe en Samaria; (2) Felipe y el eunuco etíope. Antes de estos relatos hay unos párrafos breves de resumen o transición que se encuentran en la primera mitad de los Hechos.

1. *Esparcidos a Otras Partes* (8:1-4)

a. *Una gran persecución* (8:1-3). Dios obra en formas misteriosas. Usó una severa persecución de la iglesia en Jerusalén como medio para esparcir a sus miembros a tierras lejanas. Esto fue para extender más el evangelio.

La persecución empezó "en aquel día" (v. 1). En vez de avergonzarse por haber matado a Esteban, los líderes judíos empezaron inmediatamente una cruzada general en contra de la nueva fe.

El resultado fue que los creyentes fueron "esparcidos por las tierras de Judea y de Samaria"—lo que nos da la clave para esta parte de la mitad de los Hechos. Solamente quedaron los apóstoles tal vez en seclusión para poder dirigir los negocios de la Iglesia.

Saulo, con celo juvenil, "asolaba la iglesia" (v. 3). La palabra griega fue la que se usaba para un jabalí que destruye la viña. El perseguidor entró en las casas particulares. Las cárceles judías estaban llenas de cristianos.

b. *Anunciando el evangelio* (8:4). La persecución violenta no detuvo la predicación de la Palabra; más bien, la ayudó. A esto se ha llamado "el movimiento misionero de los laicos" del primer siglo, puesto que los apóstoles ordenados no tomaron parte en él.

2. *Felipe Descendió a . . . Samaria* (8:5-25)

a. *Predicaba a Cristo* (8:5-8). Samaria era el nombre de una ciudad y también de una región del país. Estaba entre Judea al sur y Galilea al norte. Pero cada lugar estaba "abajo" de Jerusalén. Los samaritanos eran un raza mezclada, descendientes de la población gentil-judía después de 722 A.C. (véase II Reyes 17). Pero esperaban la venida del Mesías (Juan 4:25). A esta gente Felipe "predicaba a Cristo" (v. 5). Su ministerio estuvo acompañado de milagros (vrs. 6-7). El resultado del avivamiento fue que "había gran gozo en aquella ciudad" (v. 8).

b. *Simón* (8:9-13). Simón el Mago (hechicero) había "engañado a la gente de Samaria" (v. 9), fingiendo ser "algún grande." Sus admiradores evidentemente lo deificaban, llamándole "el Poder de Dios que es llamado Grande" (v. 10, traducción literal). Pero muchos de ellos aceptaron a Cristo bajo la predicación de Felipe y fueron bautizados (v. 12). Maravillosamente, Simón mismo creyó y se bautizó (v. 13). Parece, sin embargo, que su creencia fue solamente intelectual y superficial. Su historia no da evidencia del arrepentimiento verdadero.

c. *Recibían el Espíritu Santo* (8:14-17). El avivamiento en Samaria tuvo dos aspectos. Primeramente
Felipe predicó a Cristo y muchos fueron salvos. Más
tarde estos creyentes fueron llenos del Espíritu bajo el
ministerio de Pedro y Juan. Nadie puede negar que para
los cristianos samaritanos el bautismo del Espíritu Santo
era una "segunda obra." Las dos experiencias de crisis
se explican aquí claramente.

El informe del maravilloso avivamiento en Samaria
llegó a Jerusalén, como cuarenta millas de allí. Los
apóstoles mandaron a Pedro y a Juan, quienes oraron
por los creyentes samaritanos "para que recibiesen el
Espíritu Santo" (v. 15). Les impusieron las manos, y su
oración fue contestada (v. 17). No se menciona el hablar en lenguas.

d. *Dadme también a mí este poder* (8:18-25). Simón el Mago vio una oportunidad para hacer una ganancia rápida, así que ofreció dinero a los apóstoles
para que le dieran el poder de impartir el Espíritu Santo. De este incidente ha venido la palabra "simonía" que
es el acto de comprar y vender los oficios de la iglesia.
Pedro le advirtió que tendría que arrepentirse. La respuesta de Simón (v. 24) muestra que estaba más in-
teresado en el castigo del pecado que en saber que el
pecado era malo. Pedro y Juan extendieron el ministerio samaritano a "muchas poblaciones" en su camino de
regreso a Jerusalén (v. 25).

3. *Un Hombre de Etiopía* (8:26-40)

a. *Un eunuco . . . el cual estaba sobre todos sus te-
soros* (8:26-28). En medio de este gran avivamiento en
Samaria el ángel del Señor le dio instrucciones a Felipe
para que fuera al sur por el camino que va de Jerusalén
a Gaza, "el cual es desierto."

Gaza era una de las cinco ciudades antiguas de los
filisteos cerca de la costa del Mediterráneo. La ciudad an-

tigua había sido destruída en 93 A.C., y la ciudad nueva también fue destruída en el año 66 D.C., probablemente poco después de que fue escrito el libro de los Hechos.

Parece que "Etiopía" no era el país que se conoce hoy por ese nombre, sino Meroé en la región del presente Sudán. "Candace" no era un nombre personal sino el título de la madre del rey, que era la que gobernaba la tierra.

El eunuco etíope tenía gran autoridad. Tal vez era un prosélito del judaísmo, y había venido a Jerusalén "para adorar." Sentado en su carro en su viaje de regreso a su tierra, leía un rollo del profeta Isaías. Tal documento era muy caro, pero él tenía bastante dinero. Los rabinos exhortaban a los judíos devotos a leer en voz alta las Escrituras cuando viajaban.

b. *Le anunció el evangelio de Jesús* (8:29-35). Instruído por el Espíritu para acercarse al carro, Felipe acudió a él y oyó al eunuco leyendo. La pregunta, "¿Entiendes lo que lees?" (*ginoskeis ha anaginoskeis*) contiene un significado que se pierde en la traducción. Leer era literalmente "saber de nuevo."

El eunuco invitó a Felipe a que subiera para sentarse junto a él. El pasaje que leía (vrs. 32-33) era Isaías 53: 7-8. Este es uno de los grandes capítulos que tratan de la expiación en el Antiguo Testamento. Este, con 52: 13-15, es el último "cántico del Siervo" de Isaías.

Cuando el eunuco inquirió si el profeta estaba hablando de sí mismo o de algún otro (v. 34), Felipe comenzó "desde esta escritura" y "le anunció el evangelio de Jesús (v. 35). Eso es decir que interpretó Isaías 53 como una referencia al Mesías y luego identificó a Jesús como el Mesías, el "siervo del Señor" de Isaías.

c. *Le bautizó* (8:36-40). Llegando a "cierta agua" —probablemente una fuente o un manantial—el eunuco pidió el bautismo. Puesto que dice que "descendieron ambos al agua," ésta sería quizá una corriente de buen tamaño.

Cuando Felipe fue arrebatado por "el Espíritu del Señor" de repente, el eunuco "siguió gozoso su camino" (v. 39), como hacen todos los que encuentran a Cristo. Felipe después aparece en "Azoto," la antigua ciudad filistea de Asdod. De allí predicó siguiendo hacia el norte por la costa unas sesenta millas hasta Cesarea. Es aquí que lo encontramos más tarde (21:8).

II. SAULO (9:1-31)

1. ¿Por Qué Me Persigues? (9:1-9)

a. *Respirando . . . amenazas y muerte* (9:1-2). El griego dice "respirando para adentro" en vez de "respirando para afuera." El celo de perseguir había llegado a ser el aliento mismo de la vida de Saulo. No contento con aprisionar a los creyentes en Judea, obtuvo cartas del sumo sacerdote dándole autoridad para prender a los que halló en Damasco y traerlos presos a Jerusalén. Aquel Damasco tenía una gran población judía como lo nota Josefo, quien dice que después del año 70 D.C. hubo 18,000 judíos muertos allí. A los cristianos se les llama aquí los "de este Camino" (v. 2), una expresión primitiva oriental. Damasco estaba casi a doscientas millas de Jerusalén. Así que Pablo y sus compañeros tardarían una semana o dos para hacer el viaje.

b. *Una luz del cielo* (9:3-7). Sin duda en este viaje largo a Damasco, Pablo había pensado mucho en esta nueva secta. ¡Era una herejía peligrosa! Pero "el rostro de un ángel" de Esteban—¿cómo podría uno explicarse eso? Había resplandecido como el rostro de Moisés cuando bajó del monte Sinaí. ¿Sería posible que estos seguidores del Nazareno tuvieran razón? No. ¡Perezca tal pensamiento! ¡Sigue a Damasco! ¿Pero el rostro de Esteban?

Probablemente era en medio de tal tumulto interior que "repentinamente le rodeó un resplandor de luz del cielo"—como el rayo de un relámpago. Postrado en tierra, Saulo oyó una voz: "Saulo, Saulo, ¿por qué me persigues?" (ver. 4). A su interrogación la voz respondió: "Yo soy Jesús, a quien tú persigues." Como el dolor inflingido en cualquier parte del cuerpo se siente por la cabeza, así la Gran Cabeza de la iglesia tiene parte en cada sufrimiento de los suyos. El pensamiento nos debe advertir a todos nosotros de cuidarnos de cómo maltratamos a nuestros hermanos en la iglesia, pues así estamos maltratando al mismo Jesús.

El que de veras ama a Cristo será amable con todos los cristianos.

c. *Tres días sin ver* (9:8-9). El hecho de que Saulo fuera llevado por la mano sugiere que iba andando a pie y no a caballo. Los fariseos estaban en contra de la costumbre romna de ir a caballo.

La ceguera de Saulo ayudó a encerrarle a solas con Dios. Sin duda estos días fueron los más importantes de su vida.

2. *Predicaba a Cristo* (9:10-22)

a. *He aquí, él ora* (9:10-12). Ananías recibió instrucciones del Señor de ir a la calle que se llama Derecha, que todavía va del oeste al este por Damasco, y buscar en la casa de Judas a Saulo de Tarso—"porque he aquí, él ora" (v. 11).

b. *Instrumento escogido me es éste* (9:13-16). Ananías tenía miedo, habiendo oído de cómo Saulo había perseguido a los santos en Jerusalén. También sabía el propósito de la visita de Saulo a Damasco (v. 14). Pero el Señor le mandó ir, "porque instrumento escogido me es éste, para llevar mi nombre en presencia de los gentiles, y de reyes, y de los hijos de Israel" (v. 15). Pablo llegó a ser el apóstol especial a los gentiles; testificó ante el rey Agripa (capítulo 26), así como a muchos gobernadores romanos; y muchas veces llevó el nombre odiado de Jesús ante "los hijos de Israel" con riesgo de perder su vida. Su ministerio fue marcado por gran sufrimiento (v. 16; véase II Corintios 11:21-33).

    c. *Recibió . . . la vista; y . . . fue bautizado* (9:17-19). "Hermano Saulo"—¡qué consuelo traerían estas palabras al corazón de Saulo! Su ceguera se disipó tan pronto como había venido. Después de ser bautizado dentro de la comunidad cristiana, comió alimento por primera vez en tres días. Entonces pasó un corto tiempo con los discípulos en Damasco. Parece que fue salvo en el camino y después santificado ("lleno del Espíritu Santo") en la casa.

    d. *Demostrando que Jesús era el Cristo* (9:20-22). Saulo no era persona a quien le agradaba estar desocupado. Inmediatamente empezó a predicar en las sinagogas judías que Jesús era el Hijo de Dios. Tan potente era su ministerio que "confundía a los judíos . . . en Damasco, demostrando que Jesús era el Cristo" (v. 22). La tarea principal en predicar a los judíos era probar que Jesús en verdad era el Mesías.

3. *En Jerusalén* (9:23-31)

    a. *Los judíos resolvieron en consejo matarle* (9:23-25). Era inevitable que tal predicación provocara oposición violenta. He aquí, el perseguidor ahora es el perseguido. Cuando se descubrió que los judíos estaban guardando las puertas día y noche para matarle Saulo fue bajado por el muro en una canasta. El mismo dice que "el gobernador bajo el rey Aretas" quería aprenderlo (II Corintios 11:32). Aunque la arqueología parece indicar que Damasco estaba bajo el dominio romano en este tiempo, es probable que Aretas V, el rey de los árabes nabateanos, tuviera un representante en Damasco para cuidar los intereses de sus vasallos que vivían allí. Es interesante notar que Pablo pone esta experiencia mortificante al fin de su larga lista de sufrimientos.

b. *No creyendo que fuese discípulo* (9: 26-28). Saulo había salido de Jerusalén siendo un gran enemigo de los cristianos. No es de extrañar que le tuvieran miedo cuando volvió. Pero Bernabé, de corazón noble y grande, habló en su favor, y así Saulo fue al fin aceptado.

c. *Le enviaron a Tarso* (9: 29-31). Saulo siempre hablaba francamente. Pronto estuvo en disputas con los helenistas (v. 29), y ellos procuraban matarle. Temiendo por la vida de Saulo, "los hermanos" lo llevaron a Cesarea—el puerto principal de Palestina—y lo enviaron a su casa en Tarso. ¡Causó demasiado alboroto en Jerusalén! Después de que él se hubo ido las iglesias de Judea, Galilea y Samaria—las tres divisiones principales de Palestina—"Tenían paz." ¡Las cosas nunca quedaban quietas donde Pablo estaba!

La gran importancia de la conversión de Saulo se muestra por el hecho de que se describe tres veces en los Hechos (véase capítulos 22,26).

III. Pedro (9: 32-42)

1. *En Lida* (9: 32-35)

Pedro halló "santos" en Lida. Probablemente Felipe había predicado allí en camino de Azoto a Cesarea, ya que estaba entre los dos puntos.

Aquí había un paralítico que se llamaba Eneas quien fue sanado bajo el ministerio de Pedro. Sarón es el nombre del llano fértil de la costa entre Lida y el monte Carmelo al norte.

2. *En Jope* (9: 36-43)

Tabita es el aramaico por "gacela"—un bello animal ligero de pies—así como Dorcas lo es en el griego. Esta discípula, conocida por sus buenas obras, había muerto. Pero en respuesta a las oraciones de Pedro fue restaurada a la vida.

"Las túnicas y los vestidos" se traduce mejor en

"las túnicas y las capas." En el griego éstos significan las ropas exteriores.

Pedro se quedó en Jope con Simón, un curtidor (v. 43). Siendo que esta ocupación era inmunda a los ojos de los judíos conservadores—tratando, como lo hacía, con los cuerpos de animales muertos—parece un tanto sorprendente que Pedro se quedara allí.

IV. PEDRO Y CORNELIO (10:1—11:18)

La gran importancia de este suceso se indica por el hecho de que se relata en tan grandes detalles en el capítulo diez y después se repite en el capítulo once. Por primera vez los cristianos judíos entraron en una casa gentil, les predicaron, y comieron con ellos. Este suceso marcó un avance significativo en el progreso del cristianismo, que pronto llegaría a ser principalmente una religión gentil, aunque principió entre los judíos.

1. *Cornelio . . . Vio . . . Una Visión* (10:1-8)

a. *Un hombre piadoso* (10:1-2). En Cesarea—donde residía el gobierno romano y era puerto principal para Palestina—vivía un centurión de la compañía italiana, que se llamaba Cornelio. Este era un nombre ordinario en ese tiempo porque Cornelio Sulla había libertado un gran número de esclavos en el año 82 A.C. Por gratitud, muchos de estos hombres libres adoptaron el nombre suyo y lo dieron a sus descendientes. "Piadoso" quizá dé la idea de que Cornelio era un prosélito del judaísmo, o también el versículo entero quizá indique sencillamente que era un creyente gentil en la sinagoga judía.

b. *Envía . . . a . . . Pedro* (10:3-8). Un día a las tres de la tarde ("La hora novena"), mientras oraba véase v. 30), Cornelio tuvo una visión. Un ángel le dijo: "Tus oraciones y tus limosnas han subido para memoria delante de Dios" (v. 4). Entre los judíos, las tres prácticas principales de la justicia eran las limosnas, la oración, y el ayuno (véase Mateo 6:1-18). Cornelio subresalió en las tres: él "hacía muchas limosnas al pueblo, y oraba a Dios siempre" y había ayunado ese día (v. 30). Era un adorador piadoso según la costumbre judía.

El ángel le dijo que enviara a Pedro, a Jope quien se quedaba "en casa de cierto Simón curtidor, que tiene su casa junto al mar" (v. 6). Probablemente los curtidores vivían afuera del pueblo para no profanarlo con su ocupación inmunda, y sin duda usaban el agua del mar para arreglar las pieles.

Cornelio envió a "dos de sus criados," acompañados por "un devoto soldado" (v. 7). Consideró que esto era un mandamiento importante.

2. *Pedro Subió . . . Para Orar* (10:9-16)

a. *Vio el cielo abierto* (10:9-12). Pedro probablemente hubiera vacilado en aceptar la invitación a la casa de Cornelio. Los judíos conservadores no entraban en las casas de los gentiles. Pero antes de que llegaran los mensajeros, el Señor preparó las cosas en Jope. Los arreglos de Dios siempre son perfectos.

Al mediodía ("la hora sexta") Pedro subió a la azotea de la casa donde se hospedaba, para orar (véase Salmos 55:17). Mientras esperaba que prepararan la comida, le sobrevino un éxtasis y "vio el cielo abierto" (v. 11). Un lienzo—un utensilio u olla—que parecía una sábana atada de las cuatro puntas, fue bajada a tierra. En él vio toda clase de cuadrúpedos terrestres, reptiles y aves.

b. *Vino una voz* (10:13-16). Cuando a Pedro se le mandó matar y comer los animales, protestó, "ninguna cosa común o inmunda he comido jamás" (v. 14). La respuesta significativa vino: "Lo que Dios limpió, no lo llames tú común" (v. 15). La distinción entre animales limpios e inmundos pertenecía al período del Antiguo Testamento, y esa edad había terminado. Para dar énfasis a la lección la voz habló "tres veces" (v. 16).

3. *No Dudes de Ir Con Ellos* (10:17-33)

a. *Yo los he enviado* (10:17-22). Mientras Pedro
meditaba en el significado de la visión, los mensajeros de
Cornelio llegaron a la puerta. El Espíritu le dijo: "no
dudes de ir con ellos" (v. 20). Esta frase puede traducirse en "no hagas ninguna distinción." En el cristianismo, en contraste con el judaísmo, no habría distinción
entre judíos y gentiles. Esa era la lección que Pedro había de aprender de este suceso.

A Cornelio se le describe como uno que "tiene buen
testimonio en toda la nación de los judíos" (v. 22). Parece
que tenía, en alguna forma, parte en la sinagoga judía.

b. *¿Por qué causa me habéis hecho venir?* (10:23-
29). Después de pasar la noche con Pedro los mensajeros se lo llevaron la mañana siguiente. Con sabiduría
llevó consigo "algunos de los hermanos" (seis, véase 11:
12). Había como treinta millas de Jope a Cesarea, o sea
un día y medio de andar a pie. Así que era cerca del mediodía cuando llegaron a su destino el siguiente día.

Cornelio—midiendo bien el tiempo, o advertido por
uno de los dos criados que corrió adelante—había reunido "a sus parientes y amigos más íntimos" (v. 24) para
esperar a Pedro. El apóstol les recordó que era una cosa
"abominable . . . para un varón judío" entrar en una casa
gentil; "pero a mí me ha mostrado Dios que a ningún
hombre llame común o inmundo" (v. 28). Eso era un
paso tremendo y revolucionario para un judío conserva-
dor. Pedro había venido pronto y ahora quería saber la
razón por la que lo habían traído (v. 29).

c. *Todos nosotros estamos aquí en la presencia de
Dios* (10:30-33). Es probable que los mensajeros se ha-
yan detenido brevemente una noche en camino hacia
Jope. Allí se detuvieron una noche y pararon también
una noche en el regreso. Así que "hace cuatro días" (v.
30) que Cornelio vio la visión. Hoy diríamos "tres días"

(por ejemplo, lunes a jueves). Los judíos incluían el primer día y el último.

En el día de su visión Cornelio había ayunado "a esta hora" (v. 30). Es probable que fuera cerca del mediodía, pues parece ser una hora diferente de "la hora novena."

"Tú has hecho bien en venir" (v. 33) se traduce mejor, "Has venido amablemente." Cornelio y sus amigos estaban "todos . . . aquí en la presencia de Dios, para oír todo lo que Dios te ha mandado." Esa actitud aseguró el éxito de la reunión.

4. *Pedro Abriendo la Boca* (10:34-43)

a. *Dios no hace acepción de personas* (10:34-35). El griego dice literalmente: "Dios no es un recibidor de caras." Esto es una frase hebraica típica. Quiere decir que, "Dios es imparcial." El acepta "en toda nación" a los que te temen y hacen justicia (v. 35).

b. *Anunciando el evangelio de la paz por medio de Jesucristo* (10:36-43). Después de una introducción breve (vrs. 34-35). Pedro comenzó a señalarles que Jesús fue enviado de Dios a predicar la paz (v. 37). Les llamó la atención al ministerio público de Cristo, que empezó en Galila después del prendimiento de Juan (véase Marcos 1:14). En su bautismo Jesús había sido ungido con el Espíritu Santo y poder (v. 38).

Pero los judíos insistieron en su crucifixión—"colgándole en un madero" (v. 39). Dios lo levantó "al tercer día"—la resurrección el domingo, y la crucifixión el viernes. Después de su resurrección se apareció solamente a "testigos" escogidos (v. 41), como lo indican todos los cuatro Evangelios.

El punto culminante del breve sermón de Pedro vino con la declaración: "todos los que en él creyeren, recibirán perdón de pecados por su nombre" (v. 43). Esta es una salvación universal, para todos los que creen en

Cristo Jesús. Aquí se da el evangelio en términos sencillos.

5. *El Espíritu Santo Cayó Sobre Todos* (10:44-48)

Mientras Pedro estaba todavía hablando, el Espíritu Santo vino sobre todos sus oyentes. Sus corazones estaban listos a recibir, y no había tardanza. ¡Los judíos ("los fieles de la circuncisión") quienes acompañaron a Pedro estaban asombrados de que los gentiles recibieran el Espíritu Santo!

6. *Cuando Pedro Subió a Jerusalén* (11:1-18)

a. *Has entrado en casa de hombres incircuncisos* (11:1-3). El partido de los de la "circuncisión" (los cristianos judíos) en Jerusalén criticó severamente a Pedro por haber entrado en casa de Cornelio. Lo más serio de su crimen fue comer con los gentiles.

b. *Comenzó Pedro a contarles . . . lo sucedido* (11:4-16). La mejor defensa de Pedro era decirles exactamente lo que había sucedido. Dios, por una visión, le había mostrado que los gentiles no debían ser considerados inmundos (vrs. 5-10). El Espíritu le había dicho que fuera a Cesarea. Afortunadamente había llevado consigo "seis hermanos" que podían comprobar su relato de lo que pasó en la casa de Cornelio (v. 12).

¿Cómo puede uno explicar que el Espíritu cayó sobre sus oyentes? La explicación más sencilla es ésta. Cornelio y sus compañeros estaban tan completamente listos a recibir el mensaje que cuando oyeron de creer en Jesús inmediatamente creyeron y fueron salvos. Pero en sus corazones había tanta hambre por toda la voluntad de Dios y estaban tan entregados a El que pronto fueron llenos del Espíritu Santo en el mismo servicio. O podemos decir que, puesto que Cornelio ya era aceptado por Dios, estaba listo para recibir el Espíritu Santo.

c. *¿Quién era yo?* (11:17-18). ¿Debía Pedro detener esta demostración del Espíritu sobre los gentiles? "¿Quién era yo que pudiese estorbar a Dios?" No podía haberlo hecho aun si lo hubiera deseado.

Los críticos solamente podían responder con humildad: "De manera que también a los gentiles ha dado Dios arrepentimiento para vida." Esta era una verdad sorprendente.

V. ANTIOQUIA (11:19-30)

1. *Gran Número Creyó* (11:19-21)

Este pasaje nos regresa a 8:4. Notemos la palabra "esparcidos," que se halla en 8:1, 4. El relato de la Dispersión se continúa aquí. Los que habían huído de Jerusalén después de la muerte de Esteban ahora estaban llegando a partes lejanas.

Fenicia es el país moderno de Líbano, una franja junto a la costa de Siria. Chipre es una isla en el Mediterráneo oriental. Antioquía, la capital de Siria, era la tercera ciudad en tamaño del Imperio Romano (después de Roma y Alejandría), con una población de casi ochecientos mil. Era conocida especialmente por su inmoralidad debido a la arboleda cercana de Dafne, con sus sacerdotisas prostitutas.

Los primeros misioneros predicaban "a nadie . . . sino sólo a los judíos" (v. 19). Mas algunos hombres de criterio más amplio en Chipre y de Cirene (en el norte del Africa) cuando llegaron a Antioquía predicaron al Señor Jesús a los gentiles (v. 20, diferentes de los judíos del v. 19). Tuvieron buen éxito (v. 21).

2. *Bernabé . . . Saulo* (11:22-26)

Cuando la iglesia de Jerusalén oyó esto mandó a Bernabé a que investigara. El escogimiento no pudo haber sido mejor. Algunos cristianos judíos legalistas en Jerusalén hubieran condenado la nueva obra gentil y tal vez hubieran así impedido el futuro entero de las misiones gentiles. Pero Bernabé mismo era de Chipre (4: 36), y era hombre de espíritu grande y generoso. El "exhortó a todos" (v. 23)—siguiendo el significado de su nombre, "hijo de la exhortación" (véase lo escrito acerca de 4: 36).

Una de las evidencias más claras de la verdadera grandeza de Bernabé fue que se dio cuenta de que no tenía la capacidad de resolver la situación de Antioquía. Necesitaba a alguien que combinara la educación de filosofía griega con la de la teología judía. Tal hombre era Saulo. Así que Bernabé fue a Tarso y trajo a Saulo a Antioquía. Tarso era el tercer centro de grandes universidades de aquel día (después de Atenas y Alejandría). Por todo un año Bernabé y Saulo trabajaron juntos en la gran metrópoli (v. 26).

En este punto se inserta una nota interesante: "a los discípulos se les llamó cristianos por primera vez en Antioquía." Hay una diferencia de opinión entre los eruditos de si este nombre fue escogido por ellos mismos o si al principio fue un apodo dado por otros. La mayoría creen que fue esto último.

3. *Socorro a los Hermanos . . . en Judea* (11: 27-30)

Agabo (también mencionado en 21: 10), un profeta de Jerusalén, visitó Antioquía y predijo que vendría una gran hambre en toda la tierra habitada (Imperio Romano), "la cual sucedió en tiempo de Claudio." Hay buena evidencia contemporánea de que hubo tal hambre en Egipto y Judea como por el año 46 D.C. Esto fue durante el reino de Claudio (41-54 D.C.).

Puesto que los cristianos en Jerusalén quedarían exentos de la comida repartida por las autoridades judías, los discípulos en Antioquía decidieron "enviar socorro a los hermanos que habitaban en Judea" (v. 29). Escogieron a Bernabé y a Saulo para llevarles la ofrenda.

VI. El Rey Herodes (capítulo 12)

1. *Pedro Librado* (12:1-19)

    a. *Herodes . . . mató . . . a Jacobo* (12:1-2). "El rey Herodes" era Herodes Agripa I, nieto de Herodes el Grande. Se le habían dado primeramente los territorios al noreste de Palestina. Más tarde (39 d.c.) recibió Galilea, gobernada durante el tiempo de Jesús por Herodes Antipas. Al fin (41 d.c.) se le dio Judea y Samaria, para que así gobernara toda Palestina. Su persecución de los cristianos fue sin duda con el fin de agradar a los líderes judíos. Santiago, hijo de Zebedeo, uno de los doce apóstoles, llegó a ser el segundo mártir cristiano.

    b. *Pedro estaba custodiado en la cárcel* (12:3-5). Herodes prendió a Pedro y lo puso en la cárcel bajo el cuidado de "cuatro grupos de cuatro soldados cada uno." Cada uno de estos grupos de cuatro hombres guardaría una de las guardias de la noche y otra de día. Herodes no quería un tumulto durante la fiesta de los días de los panes sin levadura (v. 3; véase Marcos 14:2). Pero mientras Pedro estaba en la cárcel la iglesia estaba orando (v. 5).

    c. *Librado* (12:6-11). La víspera del día en que Pedro había de ser ejecutado—¡Dios nunca llega tarde!— —estaba durmiendo entre dos soldados sujetado firmemente a ellos con cadenas. Los otros dos soldados del grupo estaban parados como guardas frente a la puerta de la cárcel.

    De repente una luz resplandeció en la cárcel, el ángel del Señor tocó a Pedro, y sus cadenas se le cayeron. Obedeciendo las instrucciones, se vistió y siguió al ángel pasando por enmedio de los dos guardas. Cuando llegaron a la puerta grande de hierro que daba a la ciudad ésta se abrió "por sí misma" (en el griego *automate*, "automáticamente"). Pedro era hombre libre otra vez.

    d. *Llegó a casa de María* (12:12-17). En la casa de

Juan Marcos se celebraba un servicio especial de oración por Pedro—posiblemente el lugar de la Ultima Cena y del Pentecostés. Una muchacha llamada Rode vino a la puerta, reconoció la voz de Pedro, y corrió adentro con las buenas nuevas. ¡Aunque habían estado orando toda la noche por la libertad de Pedro, rehusaron creer su declaración de que él realmente estaba a la puerta! ¿Pero somos nosotros mejores hoy día?

"Haced saber esto a Jacobo" (v. 17) indica que Santiago el hermano de Jesús ya era considerado líder de los cristianos judíos en Jerusalén. Pedro salió del pueblo dejando a Santiago a cargo de la obra.

e. *Los guardas . . . a la muerte* (12:18-19). La ley militar en el Imperio Romano requería que un soldado que dejara a un prisionero escapar tendría que sufrir la pena del prisionero. Así que los cuatro soldados que se durmieron fueron muertos. Herodes entonces fue a su palacio regular en Cesarea. Como en el caso de Pilato, había estado en Jerusalén solamente para el tiempo de la pascua, a fin de impedir un tumulto a causa de la multitud de peregrinos que se reunieron para la fiesta.

2. *Un Angel del Señor le Hirió* (10:20-23)

La gente de Tiro y Sidón, las dos ciudades principales de Fenicia, habían disgustado a Herodes. Así que vinieron, por medio de Blasto, el camarero del rey, a pedir paz. Cuando Herodes, vestido de ropas reales, dijo un discurso, lo aclamaron como un dios. Josefo (un historiador judío del primer siglo) da una confirmación notable de este relato.

Dice que la luz del sol se reflejó en gloria deslumbradora de las ropas plateadas del rey. Y por cuanto Herodes aceptó esta adulación fue herido y murió.

Agregada a este capítulo hay una explicación breve (vrs. 24-25) que dice que Bernabé y Saulo volvieron de Jerusalén, trayendo consigo a Juan Marcos a Antioquía.

Y todo estaba listo para el principio del primer viaje misionero de Pablo, de este grupo de tres.

PREGUNTAS

1. ¿Qué siguió inmediatamente a la muerte de Esteban?

2. Describa el avivamiento de Samaria.

3. Relate la historia de la conversión de Saulo.

4. ¿Qué pasó en casa de Cornelio?

5. ¿Dónde fueron primeramente llamados "cristianos" los creyentes?

6. Describa cómo Pedro fue librado de la cárcel.

Tercera Parte: Hasta lo Ultimo de la Tierra (caps. 13—28)

Capitulo IV

Bernabé y Saulo (caps. 13:1—15:35)

Apartadme a Bernabé y a Saulo para la obra a que los he llamado (13:2).

En los primeros siete capítulos de Hechos tenemos la historia de lo que sucedió en Jerusalén o sus alrededores. El suceso más importante de esa porción y en realidad de todo el libro, es el Pentecostés. En los capítulos del ocho al doce vemos el evangelio extendiéndose por toda Judea y Samaria. El suceso principal de esta parte—y el segundo en importancia en el libro—es la conversión de Saulo. Se nos da también la historia de los principios de la Iglesia Cristiana en Antioquía de Siria. Así, ya estaba listo todo para el tercer suceso de importancia, la inauguración de las misiones extranjeras. La evangelización del mundo es la empresa magna de la historia humana.

I. El Primer Viaje (capítulos 13—14)

1. *Apartadme a Bernabé y a Saulo* (13:1-3)

Cada gran movimiento espiritual ha empezado en un servicio de oración. Las misiones extranjeras de los Estados Unidos principiaron en el famoso "servicio de oración junto a una era" en Williamstown, Massachusetts. Unos cuantos estudiantes universitarios buscaron refugio a la sombra de unos manojos de paja durante una tempestad. Allí discutieron la necesidad de llevar el evangelio a los inconversos de tierras lejanas. Con una carga en el corazón oraron que Dios enviara obreros a su viña. Y sus oraciones fueron contestadas con muchos miles de misioneros que desde entonces han rodeado el mundo con el mensaje de salvación.

Así fue en el principio del primer esfuerzo misionero. Cinco ministros ("profetas") y maestros esperaban en oración y ayuno. El líder era Bernabé, hombre de gran corazón, que vino originalmente de Chipre. Estaba también Simón, el negro ("Niger" quiere decir "negro"), probablemente del Africa. Estaba Lucio de Cirene, en el norte del Africa. El cuarto era Manaén, el hermano de crianza de Herodes Antipas. El último era Saulo. Bernabé y Saulo no se identifican aquí, puesto que los dos han sido mencionados antes en los Hechos.

El Espíritu Santo habló a los corazones de los que oraban: "Apartadme a Bernabé y a Saulo para la obra a que los he llamado." Dios pidió los mejores obreros de la iglesia local para los campos extranjeros. Muchas veces algunos piensan que necesitan los de más capacidad en las iglesias locales. Pero un estudio de la historia de las misiones revela que Dios llama a hombres capacitados para encabezar las conquistas de continentes.

La iglesia de Antioquía obedeció la voz del Espíritu. Después de más ayuno y oración los dos misioneros escogidos fueron separados para este servicio especial por la imposición de manos.

Aquí hay un ejemplo claro del plan de Dios. El Espíritu llamó; la iglesia reconoció el llamamiento; los hombres fueron "despedidos" por la iglesia (v. 3) y a la vez "enviados por el Espíritu Santo" (v. 4). Esta cooperación Divina y humana aseguró el éxito de la nueva aventura.

Dios no solamente escogió a los hombres; también

seleccionó la ciudad. La iglesia de Jerusalén tenía una perspectiva judaica demasiado limitada. Así que Antioquía de Siria vino a ser el centro local para la evangelización del mundo gentil. La descripción de Hechos 11:19-27 nos revela la razón. Los cristianos de Antioquía estaban libres del nacionalismo estrecho y énfasis legal que caracterizaba a la iglesia de Jerusalén. Antioquía sucedió a Jerusalén como el segundo gran centro del cristianismo.

2. *La Puerta de la Fe Para los Gentiles* (13:4—14:28)

    a. *Chipre* (13:4-12). Llevando al joven Juan Marcos como "ayudante," los dos misioneros "descendieron a Seleucia." Este era un puerto en el Mediterráneo, a 16 millas de distancia. De allí "navegaron a Chipre," una distancia de 130 millas.

    Chipre, a sólo 60 millas de la costa de Siria, es la tercera isla en tamaño en el Mediterráneo, como de 150 millas de largo y 40 de ancho. Era famosa por la fertilidad de su tierra y por los depósitos de cobre, de donde recibió su nombre de Chipre.

    Las razones para ir primeramente a esta isla son obvias. La iglesia de Antioquía había sido fundada en parte por los de Chipre (11:20). Era también, originalmente la casa de Bernabé, el líder designado del grupo.

    Los misioneros desembarcaron en Salamina, en la costa del este de la isla. Aquí "anunciaban la palabra de Dios en las sinagogas de los judíos" (v. 5). Bernabé y Saulo eran más afortunados que la mayoría de los misioneros de hoy que tratan de evangelizar un nuevo país. En casi cada ciudad donde entraron encontraron un púlpito y una congregación ya preparada. Como judíos devotos, enseñados en las Escrituras, podían hablar en cualquiera sinagoga judía. ¡Nunca han encontrado misioneros puerta más abierta—aunque en muchos casos pronto se cerró de golpe ante su rostro!

Bernabé y Saulo hicieron un viaje misionero por la isla, probablemente predicando el evangelio en sus muchos pueblos. Al fin llegaron a Pafo, en la costa del oeste. Aquí sucedieron varias cosas. Primeramente, fueron invitados a predicar ante Sergio Paulo, el procónsul romano de la isla, quien tenía allí su oficina. Un mago judío llamado Barjesús—*Bar* es el aramaico por "hijo," la etimología de Elimas (v. 8) es incierta—se opuso a la predicación de los dos misioneros, procurando retener su poder sobre el gobernador. Pero Saulo, "lleno del Espíritu Santo" (v. 9), les profetizó su castigo por su ceguera en luchar contra Dios. El resultado fue que el procónsul aceptó la fe cristiana (v. 12).

Un cambio significativo tuvo lugar en este punto. Saulo dejó su nombre judío adoptando su nombre romano, Pablo (v. 9). Como ciudadano romano viviendo entre los gentiles de ahora en adelante, era mejor que lo conocieran por su nombre romano. Además, llegó a ser el líder del grupo misionero. Cuando salieron de Chipre, era "Pablo y sus compañeros" (v. 13). De aquí en adelante es por lo general "Pablo y Bernabé" en vez de "Bernabé y Saulo," como antes.

b. *Perge* (13:13). Saliendo de Pafo, el grupo navegó como ciento setenta millas a Perge de Panfilia, en el continente de Asia Menor, que ahora es Turquía. Aquí su joven ayudante, Juan Marcos, los dejó y volvió a Jerusalén. Probablemente tuvo varias razones por su triste fracaso. Puede ser que extrañara mucho a su madre. Tal vez sintió resentimiento de que Pablo tomara el lugar de su primo Bernabé como líder del grupo. Tal vez tenía miedo del viaje difícil y peligroso sobre las montañas del interior. O puede ser que haya enfermado de malaria en la tierra baja de la costa. Hay razón para creer que un ataque de paludismo fue lo que causó a Pablo decidir de pronto que debían ir por las montañas.

c. *Antioquía de Pisidia* (13:14-52). Es "Antioquía

de Pisidia" y no "Antioquía en Pisidia" porque Antioquía estaba fuera de la frontera de Pisidia, aunque cerca de ella. Estaba situada como cien millas al norte de Perge y tenía una altitud de casi cuatro mil pies sobre el nivel del mar.

Pablo y Bernabé fueron a la sinagoga el sábado. Después de que se leyeron las lecciones regularmente asignadas de "la ley" (el Pentateuco) y los profetas, los principales de la sinagoga invitaron a los misioneros a que hablaran. Pablo aprovechó de la oportunidad y dio su primer sermón registrado en los Hechos.

Empezó con una referencia breve al éxodo de Egipto (v. 17), la conquista de Canaán (v. 19), el período de los jueces (v. 20), y los reinos de Saúl (v. 21) y de David (v. 22). Entonces pasó por alto varios siglos hasta el Hijo de David, "Jesús por Salvador a Israel" (v. 23). Juan el Bautista lo había profetizado (vrs. 24-25); los gobernadores judíos lo habían profetizado (vrs. 26-29) mas Dios lo había resucitado (vrs. 30-37). Sólo por medio de él se recibe la salvación (vrs. 38-39). El sermón terminó con una amonestación breve (vrs. 40-41) citada de Habacuc 1:5.

Después del servicio "muchos judíos y convertidos devotos al judaísmo" (versión moderna) pidieron que Pablo les predicara otra vez el siguiente sábado (v. 42-43). Había tanto interés que el siguiente sábado "se juntó casi toda la ciudad para oir la palabra de Dios" (v. 44). Pero los principales de los judíos tenían celo al ver la popularidad de los apóstoles—como lo habían tenido más antes en el caso de Jesús—y se opusieron a la predicación (v. 45). Esto hizo que Pablo y Bernabé declararan: "he aquí, nos volvemos a los gentiles" (v. 46). Dos resultados se siguieron: muchos gentiles aceptaron a Cristo (v. 48), pero los judíos celosos levantaron un tumulto y expulsaron a los misioneros del pueblo (vrs. 49-50). Estos sacudieron el polvo de sus pies (véase Mateo 10:14) y se fueron a Iconio, unas ochenta millas por el camino romano al este. Pero no estaban desanimados. El relato dice: "Y los discípulos estaban llenos de gozo por ser llenos del Espíritu Santo.

d. *Iconio* (14:1-7). En esta ciudad principiaron de nuevo en la sinagoga. Aquí "hablaron de tal manera que creyó una gran multitud de judíos, y asimismo de griegos." Mas otra vez los judíos que "no creían" o que "no obedecían" (versión moderna)—la palabra griega tiene los dos significados—reunieron a los gentiles en contra de los apóstoles. Aunque los misioneros continuaron predicando por "mucho tiempo" (v. 3), al fin las cosas llegaron a su punto culminante. Judíos y gentiles, juntos, trataron de apedrearlos (v. 5). Los apóstoles tuvieron que huir a Listra (v. 6), unas veinte millas al sur.

e. *Listra* (14:8-20). En Listra, Pablo sanó a un hombre que había sido cojo desde su nacimiento (vrs. 8-10). En su excitación la gente habló en su lengua nativa licaónica—que los apóstoles no podían entender—diciendo: "Dioses bajo la semejanza de hombres han descendido a nosotros" (v. 11). Llamaron a Bernabé Júpiter (latín) o Zeus (griego). A Pablo lo llamaron Mercurio (latín) o Hermes (griego). Evidentemente esto se debió a que Bernabé era más grande e impresionante en su parecer, en tanto que Pablo era más joven y activo. Incidentalmente, se dice que Hermes era atractivo y joven. Esto no está de acuerdo con la leyenda frecuentemente repetida de que Pablo era jorobado y que tenía una nariz aguileña pero corva en medio y las piernas encorvadas.

Cuando los apóstoles vieron al sacerdote de Zeus alistarse para ofrecerles sacrificio, de pronto lo detuvieron. "Rasgaron sus ropas"—una expresión típica oriental de aflicción—y se lanzaron entre la gente protestando que no eran dioses (vrs. 14-17).

Pero la popularidad pronto cambió a oposición. Los judíos de Antioquía e Iconio, no satisfechos con haber expulsado a los misioneros de aquellas dos ciudades, los siguieron hasta Listra. Pronto la gente que había tratado de hacer un sacrificio a Pablo lo apedrearon, y lo arrastraron fuera de la ciudad dejándolo como muerto. Pero evidentemente sólo estaba inconsciente. Rodeado por discípulos tristes, Pablo se levantó y volvió a la ciudad. El siguiente día se había recobrado lo suficiente como para poder acompañar a Bernabé hacia Derbe, cuarenta millas al este por el camino romano.

f. *Derbe y el regreso* (14:21-28). Solamente se hace una mención breve a la predicación en Derbe (v. 21a). El grupo misionero ya había llegado al punto más lejano de su primer viaje misionero. El camino más corto de regreso a Antioquía habría sido por tierra—por los puertos de Cilicia, por Tarso, el pueblo natal de Pablo, y dando la vuelta del Mediterráneo. En efecto ya habían venido como una tercera parte de la distancia que había entre Antioquía de Pisidia y Antioquía en Siria. El curso más fácil y más sencillo habría sido seguir el camino romano hacia el este y al sur.

Pero con Pablo siempre era otra cosa lo que determinaba sus decisiones, y a saber: ¿Qué es lo mejor para el reino de Dios? Con este móvil, los misioneros volvieron por Listra, donde habían apedreado a Pablo, de allí a Iconio y Antioquía, donde sus vidas habían sido amenazadas por las multitudes enemigas. Pablo merece ser nombrado entre los grandes héroes de todos los tiempos.

El propósito del regreso era para confirmar "los ánimos de los discípulos, exhortándoles a que permaneciesen en la fe, y diciéndoles: Es necesario que a través de muchas tribulaciones entremos en el reino de Dios" (v. 22). ¡Este último punto ciertamente era la norma en estas ciudades!

El versículo 23 es importante pues indica la forma más antigua de gobierno para la iglesia local. Los apóstoles "constituyeron ancianos en cada iglesia." Listra y Derbe son dos de las muy pocas ciudades en que Pablo predicó en donde no se menciona una sinagoga judía. Pero aún allí fueron fundadas congregaciones de convertidos.

Volviendo hacia la costa, los misioneros predicaron en Perge, situada a unas cuantas millas de allí por un río. Luego descendieron al puerto de Atalía. De allí navegaron a Antioquía de Siria, donde informaron a la iglesia. La noticia principal fue que Dios "había abierto la puerta de la fe a los gentiles" (v. 27).

II. El Concilio en Jerusalen (capítulo 15)

1. *Si no Os Circuncidáis* (15:1-5)

En medio del regocijo de la conversión de los gentiles llegaron unos judaizantes de Jerusalén. Lanzaron una negra nube sobre el cielo resplandeciente con la declaración: "Si no os circuncidáis conforme al rito de Moisés, no podéis ser salvos" (v. 1). ¡Pero los cristianos gentiles en Antioquía eran salvos y lo sabían!

Pablo y Bernabé, en su viaje misionero reciente, habían visto a muchos gentiles ser salvos sin la circuncisión. Así que protestaron en contra de esta doctrina judaizante. Por fin la iglesia de Antioquía decidió enviar a los dos apóstoles a Jerusalén para pedir de los ancianos una decisión del asunto (v. 2). En su camino testificaron que Dios estaba salvando a los gentiles, lo cual causó gran gozo entre los cristianos (v. 3).

Al llegar a Jerusalén fueron recibidos por la iglesia, e informaron sobre cómo Dios había bendecido sus esfuerzos en Chipre y en Asia Menor (v. 4). Pero unos fariseos convertidos—que sin duda todavía practicaban los requisitos del judaísmo—declararon: "Es necesario circuncidarlos, y mandarlos que guarden la ley de Moisés" (v. 5). En otras palabras, querían que Pablo y Bernabé pidieran la circuncisión de todos sus nuevos convertidos gentiles, enseñándoles a guardar la ley judía. Esto habría hecho del cristianismo sólo una secta del judaísmo y habría impedido efectivamente que llegara a ser una gran religión mundial, adaptada igualmente a todas las naciones e individuos. Este era el argumento más crucial que hasta ahora había confrontado la Iglesia de Jesucristo.

2. *Pedro Se Levantó* (15: 6-11)

Después de la discusión en la reunión pública de la Iglesia (vrs. 4-5), los apóstoles y ancianos se reunieron en una sesión más secreta para decidir esta pregunta importante. Cuando el debate continuó por algún tiempo, Pedro se levantó. En cuanto a él, ya la pregunta había sido decidida en la azotea de la casa en Jope (10: 9-16). Recordó a sus oyentes que Dios le había escogido para abrir la puerta de la salvación para los gentiles, en la casa de Cornelio (v. 7).

Hechos 15: 8-9 presenta una combinación significativa. Pedro declaró que en la casa de Cornelio Dios dio el Espíritu Santo a los gentiles, lo mismo que a los judíos en el día del Pentecostés. Entonces declaró que en los dos casos la venida del Espíritu Santo resultó "purificando por la fe sus corazones." La conclusión clara, entonces, es que cuando la gente está llena del Espíritu Santo sus corazones están purificados de todo pecado (véase I Juan 1: 7).

Pedro terminó con una pregunta y una declaración. La pregunta: "¿Por qué tentáis a Dios, poniendo sobre la cerviz de los discípulos un yugo que ni nuestros padres ni nosotros hemos podido llevar?" (v. 10). La declaración: "Creemos que por la gracia del Señor Jesús seremos salvos, de igual modo que ellos" (v. 11). La manera en que un judío podía ser salvo era la misma que para un gentil—por medio de la fe en Jesucristo. La ley no era un medio de salvación.

3. *Jacobo Respondió* (15: 12-21)

El discurso de Pedro hizo callar a los judaizantes.

Ya estaban listos para escuchar a "Bernabé y a Pablo"— esto es la orden natural en Jerusalén, donde tenían a Bernabé en más estima—cuando informaron acerca de su misión gentil.

Cuando terminaron, Jacobo—el hermano de Jesús y principal de la iglesia de Jerusalén—dió el veredicto. Dijo: "Yo juzgo que no se inquiete a los gentiles que se convierten a Dios, sino que se les escriba que se aparten de las contaminaciones de los ídolos, de fornicación, de ahogado y de sangre" (vrs. 19-20). Luego agregó (v. 21) que si uno quisiera seguir la ley judía podría asistir a la sinagoga y oirla allí. El objetivo de la Iglesia era predicar a Cristo Jesús.

4. Ha Parecido Bien Al Espíritu Santo y a Nosotros (15:22-29)

Los apóstoles y los ancianos, con toda la Iglesia, escogieron a Judas y a Silas para acompañar a Pablo y a Bernabé a Antioquía. Con ellos enviaron una carta dirigida a los cristianos gentiles "en Antioquía, en Siria y en Cicilia" (v. 23). Lo primero que hizo la carta fue negar que los judaizantes que habían causado la dificultad fueron comisionados por la iglesia de Jerusalén (v. 24). También elogiaba a "Bernabé y Pablo" y daba palabras de estímulo a Judas y a Silas. Después vino la gran declaración: "Ha parecido bien al Espíritu Santo, y a nosotros, no imponeros ninguna carga más que estas cosas necesarias" (v. 28). A esto siguieron los "edictos" del Concilio en Jerusalén. Los gentiles deberían de abstenerse de carne ofrecida a ídolos, de sangre, de animales ahogados y de fornicación. Pero estaban libres de la obligación de la circuncisión y la observación de la ley de Moisés.

Esta era una gran decisión. Si el elemento judaizante hubiera triunfado, el cristianismo hubiera sido ahogado desde sus principios por los esfuerzos del judaísmo. Con lo que resultó, la nueva fe estuvo libre para "rodear al mundo con la salvación."

5. *Se Regocijaron* (15: 30-35)

Pablo y Bernabé volvieron de prisa a Antioquía, juntaron a la iglesia, y entregaron la carta. Fue una hora de gran triunfo para ellos y de justificación del evangelio que predicaban. Cuando los cristianos en Antioquía oyeron la carta, "se regocijaron por la consolación" (v. 31). Judas y Silas se unieron a ellos en el regocijo y añadieron su palabra de exhortación (v. 32). Entonces fueron despedidos para volver a Jerusalén (v. 33).

PREGUNTAS

1. ¿Quiénes fueron los dos primeros misioneros nombrados?

2. ¿A dónde fueron en su primer viaje?

3. ¿Qué pasó en Pafo?

4. ¿Qué se nos dice de la obra en Antioquía de Pisidia?

5. Describa lo que sucedió en Listra.

6. ¿Cuál fue el propósito del Concilio de Jerusalén, y a qué decisión llegaron?

CAPITULO V

A Macedonia (caps. 15:36—21:16)

Pasa a Macedonia y Ayúdanos (16:9).

I. Volvamos (15:36-39)

Pablo era de tal espíritu pionero, que no podía quedarse mucho tiempo en un lugar. Así que un día sugirió a Bernabé que empezaran otra vez y visitaron de nuevo las iglesias que habían fundado en su primer viaje.

Entonces vino un conflicto. Bernabé quería llevar con ellos a su primo Juan Marcos. Pero Pablo no tenía paciencia para quien les había desertado antes. Su personalidad agresiva no vio excusa alguna para tal conducta.

Bernabé no quería ir sin Marcos, y Pablo no se decidía a ir con él. Había sólo una solución para el problema. Bernabé llevó a Marcos y volvió a Chipre, un territorio natal. No oímos más de él. Pablo escogió a un nuevo compañero, Silas, y visitó otra vez el Asia Menor.

¿Quién tenía razón? Todo lo que sabemos es que más tarde Pablo escribió: "Toma a Marcos y tráele contigo, porque me es útil para el ministerio" (II Timoteo 4:11). El joven al fin justificó la fe que Bernabé puso en él.

II. El Segundo Viaje (15:40—18:22)

1. *Asia* (15:40—16:10)

a. *Siria y Cilicia* (15:40-41). Estos dos países formaban una provincia romana en ese tiempo. No hay registro en el Nuevo Testamento de la fundación de estas iglesias que Pablo ahora confirmó. Probablemente resultaron de sus esfuerzos evangelísticos durante los seis años transcurridos entre su salida de Jerusalén y su llegada a Antioquía (véase Gálatas 1: 21).

b. *Derbe y Listra* (16: 1-5). Es probable que Pablo visitara su pueblo natal, Tarso, y después haya ido al norte por las Puertas de Cilicia a las montañas Taurus y de allí a la parte central de Asia Menor. Vino primeramente a Derbe, que era el último lugar de su viaje misionero anterior.

En Listra se les unió un ayudante joven llamado Timoteo, cuya madre era judía cristiana, pero cuyo padre era griego pagano. Pablo lo circuncidó, probablemente para estar seguro de que sería aceptable a los judíos, entre los cuales regularmente principiaba su obra en una nueva ciudad. Esto no tenía nada que ver con la salvación de Timoteo. Simplemente fue un sabio plan misionero.

Aunque la carta del concilio en Jerusalén había sido dirigida específicamente a los gentiles cristianos en Antioquía, Siria y Cilicia (15: 23), Pablo anunció las ordenanzas a las iglesias gentiles que había fundado en Galacia. Estas estaban situadas en Derbe, Listra, Iconio, y Antioquía de Pisida. El resultado fue una firmeza a la vez que un aumento en las iglesias de allí (v. 5).

c. *Troas* (16: 6-10). En realidad Antioquía estaba en Frigia "hacia Pisidia." La provincia romana de Galacia incluía Pisidia y parte de Frigia (lo demás estaba en la provincia de Asia). Si "Galacia" (v. 6) quiere decir la provincia o solamente la parte del norte donde los galos antiguos habían morado en el tercer siglo A.C. no se puede determinar. "Asia" puede referirse a la sección costera de la provincia de aquel nombre, pues los misioneros tenían que pasar por allí para llegar a Troas. Pero el significado bien pudo haber sido que fueron prohibidos de "hablar la palabra en Asia" aunque podían pasar por allí.

Cuando llegaron cerca de Misia (en el noroeste de la provincia de Asia) quisieron dar vuelta para el norte a Bitinia, una provincia junto al Mar Negro al norte de Asia. Pero "el Espíritu de Jesús" (así dice en los manuscritos griegos más antiguos) no se los permitió. Así que no había otra cosa que hacer que tomar el camino del oeste a Troas. El viaje de Antioquía de Pisidia era como de cuatrocientas millas. Se tomaría tres o cuatro semanas de viaje.

Troas era el extremo de la tierra. Más allá estaba el Mar Egeo—y Europa. Cerca estaban las ruinas de la antigua Troas. Pero Pablo no tuvo tiempo para ellas. Buscaba territorio para evangelizar. Tal vez las prohibiciones en contra de predicar en Asia y Bitinia lo hubieran dejado un tanto frustrado. Sin duda pidió sinceramente la dirección divina para el siguiente paso. Al fin llegó— una visión en la noche. Pablo vio a un hombre rogándole: "Pasa a Macedonia y ayúdanos" (v. 9).

Algo nuevo se introduce en el versículo diez. Por primera vez en el libro, el autor escribe en primera persona. Esto es el principio de lo que se llama "los pasajes del sujeto nosotros," donde el escritor participó en los sucesos.

Evidentemente Lucas se reunió con el grupo de Troas. Tal vez Pablo, al llegar a la costa otra vez, haya sufrido un relapso de paludismo y haya tenido que consultar a un médico. Si así fue, éste era el doctor Lucas. De todos modos acompañó a los misioneros a Filipos. Puesto que el relato cambia otra vez a "ellos" en 17:1, pensamos que Lucas se quedó en Filipos, probablemente como pastor, por unos seis años hasta que Pablo regresó en su tercer viaje. Entonces el "nosotros" se usa de nuevo (20:6).

2. *Europa* (16:11—18:22)

a. *Filipos* (16:11-40). El grupo misionero navegó de Troas, en Asia, y después de parar una noche en la isla de Samotracia llegó a Neópolis ("Nueva Ciudad") en Europa. De este puerto anduvieron diez millas para el interior hacia Filipos. Nombrado en honor de felipe de Macedonia, el padre de Alejandro el Grande, Filipos era una colonia romana. Estas colonias, de las cuales una parte de los habitantes gozaban el codiciado privilegio de ciudadanía romana.

Aquí no había sinagoga judía. Pablo encontró a unas cuantas mujeres reunidas en un servicio de oración un sábado junto al río cercano. Se juntó con ellas y les habló acerca de Jesús, el Salvador. Lidia, vendedora de púrpura de la ciudad de Tiatira (provincia de Asia), fue la primera convertida mediante el ministerio de Pablo en Europa. Ella insistió en que los misioneros se quedaran por un tiempo en su casa (v. 15).

En la ciudad había una muchacha que tenía espíritu de adivinación. Siguió a los misioneros gritando que eran "siervos del Dios Altísimo" (v. 17). No le gustó a Pablo el testimonio de una persona tal, así que echó fuera el espíritu (v. 18). Los dueños de la muchacha se enojaron por haber perdido su ganancia y llevaron a Pablo y a Silas ante los magistrados. Aquí los acusaron de ser judíos que "alborotan nuestra ciudad, y enseñan costumbres que no nos es lícito recibir ni hacer, pues somos romanos" (vrs. 20-21). Esta fue una acusación seria para traer ante una corte romana.

La acusación, por supuesto, era falsa. Mas el engaño evidentemente tuvo éxito en un medio ambiente antisemita de esta colonia romana. Pablo y Silas fueron azotados con varas y echados en el calabozo de más adentro de la cárcel, poniendo sus pies en el cepo.

Sin poder dormir a causa del dolor y de la posición incómoda, "a media noche, orando Pablo y Silas, cantaban himnos a Dios" (v. 25). Un terremoto abrió las puertas de la cárcel y las prisiones de todos se soltaron. El carcelero, despertado por el terremoto, vio las puertas

abiertas. Pensando que los presos se habían escapado, se
iba a matar, porque era ley romana que en caso de escaparse los prisioneros el guarda tendría que sufrir el castigo que merecían los criminales bajo su cuidado. Pero
Pablo lo detuvo con la seguridad de que todos los presos
estaban allí.

Cuando el carcelero temblando preguntó: "¿Qué es
menester que yo haga para ser salvo?", Pablo y Silas respondieron: "Cree en el Señor Jesucristo y serás salvo"
(v. 31). Esta expresión ha sido citada muchas veces en
forma superficial como prueba de que todo lo que uno necesita hacer para ser salvo es "creer en Jesucristo." Pero
tenemos que equilibrarlo con la respuesta de Pedro,
"Arrepentíos" (2:38; 3:19). Una aceptación meramente
intelectual de la verdad del evangelio no salva a nadie.
D. L. Moody definió la fe salvadora como "asentir, con-
sentir y tomar." La aceptación mental tiene que ser seguida por el consentimiento de la voluntad a obedecer a
Dios a fin de que uno sea verdaderamente salvo. Evidentemente el carcelero se arrepintió. Creyó y fue bautizado esa misma noche.

La mañana siguiente los magistrados enviaron algua-
ciles con el recado de que se soltara a los misioneros. Pero
Pablo rehusó salir de la cárcel hasta que los magistrados vinieran y lo exoneraran públicamente de culpa.
Cuando los magistrados entendieron que habían azotado
y encarcelado a ciudadanos romanos sin ser condenados
(v. 37), vinieron con múltiples excusas. Este era un crimen serio, por lo cual podrían sufrir duro castigo.

¿Por qué hizo Pablo tal cosa? No fue por orgullo
personal. Sabiamente demandó que la nueva iglesia cristiana en Filipos quedara libre de la mancha de haber
sido principiada por criminales.

Cuando salieron de la cárcel los misioneros visitaron
el hogar de Lidia. Evidentemente "los hermanos" se habían reunido allí (v. 40). ¿Habían pasado la noche en

oración por los prisioneros, como hizo el grupo en la casa de la madre de Juan Marcos (12:12)? De todos modos la casa de Lidia, probablemente construída alrededor de un patio grande, proveyó el lugar para las reuniones de la iglesia en Filipos. Según los registros, Lidia tuvo el honor de tener en su casa la primera congregación cristiana en Europa. ¡Qué historia tan preciosa salió de aquellos pequeños principios!

b. *Tesalónica* (17:1-9). De Filipos los misioneros caminaron—posiblemente a caballo—algunas treinta millas a Apolonia, y finalmente casi cuarenta millas a Tesalónica. Si los dos lugares mencionados primeramente fueron paradas de noche probablemente fueron a caballo, puesto que la distancia que uno podía ir a pie en un día sería como veinte millas. Evidentemente no predicaron en este viaje de cien millas a lo largo del gran Camino Ignaciano.

Tesalónica era la capital de Macedonia. Situada al extremo del golfo Málico. Era entonces un centro comercial de importancia y todavía lo es hoy. De aquí en adelante Pablo trabajó casi exclusivamente en las grandes metrópolis del imperio.

Como era su costumbre, Pablo principió en la sinagoga. Por tres sábados "disputó con ellos de las Escrituras, declarando y proponiendo, que convenía que el Cristo padeciese, y resucitase de los muertos; y que Jesús, el cual yo os anuncio, *decía él*, éste era el Cristo" (vrs. 2-3). Esto nos da un resumen excelente de cómo Pablo trató con los judíos. Primero tenía que demostrarles que sus Escrituras (nuestro Antiguo Testamento) enseñaban que el Mesías tendría que sufrir (véase Isaías 53). Después podía presentar al Cristo crucificado como el Mesías.

El resultado de la predicación de Pablo fue que "algunos" de los judíos creyeron, pero "de los griegos piadosos gran número" y "no pocas" de las esposas de personas de buena posición en la ciudad (v. 4). Esto va de acuerdo con I Tesalonicenses 1:9, donde se implica claramente que la mayoría de los cristianos tesalonicenses eran gentiles.

Los judíos envidiosos juntaron a un grupo de gente y arremetieron contra la casa de Jasón, buscando a los misioneros. Cuando no los hallaron, llevaron a Jasón y a otros cristianos ante los gobernadores de la ciudad. Dijeron de Pablo y Silas: "éstos que alborotan el mundo." Contra ellos se presentó una acusación. Una acusación política seria: "Todos estos contravienen los decretos de César, diciendo que hay otro rey, Jesús" (v. 7). Esta acusación falsa—semejante a la de Filipos—era suficiente para hacer enojar a cualquiera corte romana.

c. *Berea* (17:10-15). Habiendo tenido su avivamiento y alboroto acostumbrado, Pablo tuvo que huir de Tesalónica. El y Silas escaparon de noche hacia Berea, cincuenta millas más al oeste, por el Camino Ignaciano. Allí encontraron una sinagoga.

Los de Berea eran más nobles que los judíos de Tesalónica porque "recibieron la palabra con toda solicitud, escudriñando cada día las Escrituras, para ver si estas cosas eran así" (v. 11). El resultado fue que "creyeron ellos" (v. 12).

Pero los judíos de Tesalónica siguieron a Pablo tal como habían pasado en Galacia en el primer viaje (14:19), y organizaron oposición en Berea. Así que Pablo, centro de la agitación, fue enviado a otro lugar en tanto que Silas y Timoteo se quedaron para continuar la obra. Algunos amigos acompañaron a Pablo hasta Atenas—unas cuatrocientas millas por mar o sea un viaje de tres semanas por tierra—para estar seguros de que llegara con bien. Con ellos él envió un mensaje para Silas y Timoteo de que le siguieran lo más pronto que pudieran (v. 15).

d. *Atenas* (17:16-34). En Atenas, Pablo proseguía un ministerio de dos aspectos. Los días sábado disputaba en las sinagogas con los judíos y prosélitos y durante la semana disputaba con los que se reunían en la plaza.

Fue hallado por unos epicúreos, quienes creían que el bien supremo era el placer, y estoicos, que creían que el bien supremo era la virtud. Burlándose de él, decían: "¿Qué quiere decir este palabrero? (literalmente, 'pizcador de semillas')?" (v. 18) Lo trajeron al Areópago. Este era el juzgado que originalmente se reunía en el Cerro de Marte, pero que ahora tal vez se reunía cerca del agora o mercado.

Ante la corte del Areópago—quizá en el cerro de Marte—Pablo habló a los ciudadanos reunidos. Su observación de que eran "más supersticiosos" (v. 22), se traduce mejor en "muy religiosos." Lo anterior no era de buen tacto para empezar. Entonces se refirió a un altar que había visto con la inscripción: "AL DIOS NO CONOCIDO." Procedió a identificar a este Dios no conocido como el Creador, quien ahora denuncia a todos los hombres que se arrepientan y se preparen para el juicio. La resurrección de Jesucristo es la garantía de este juicio (vrs. 23-31).

La mención de la Resurrección causó burla. Solamente unos pocos creyeron, aunque uno de ellos era miembro de la corte reverenciada del Areópago. No oímos de una iglesia en Atenas hasta el segundo siglo, aunque sin duda los pocos creyentes formaron un compañerismo.

e. *Corinto* (18:1-17). Si Pablo fue a pie a Corinto, la distancia habrá sido como setenta millas—lo suficiente para permitirle juzgar su ministerio en Atenas, con sus pocos resultados, y decidir cómo principiar en Corinto. Resulta significativo que más tarde escribiera a los Corintios: "No me propuse saber algo entre vosotros, sino a Jesucristo, y a éste crucificado" (I Corintios 2:2).

Evidentemente Pablo llegó en Corinto casi sin dinero, porque buscó la calle de los que hacían tiendas. Allí encontró empleo y un lugar para vivir con Aquila y

Priscila. Aquila era un judío que había nacido en Ponto (en Asia Menor). Había ido a Italia, pero había sido expulsado de Roma por el emperador Claudio.

Durante la semana Pablo trabajaba en su oficio. Cada sábado "disputaba en la sinagoga" (v. 4). Cuando Silas y Timoteo al fin llegaron de Macedonia (Tesalónica y Berea), Pablo "estaba entregado por entero a . . . la palabra (v. 5) y predicó más urgentemente a los judíos que Jesús era el Mesías. Como casi siempre—Berea era la excepción—los judíos se le opusieron. Otra vez (véase 13:46) Pablo declaró: "Desde ahora me iré a los gentiles" (v. 6).

Se estableció un nuevo centro de predicación junto a la sinagoga en la casa de Justo. Aquí el apóstol continuó su ministerio por año y medio (v. 11)—la estancia más larga de que se tenga noticia en cualquier lugar hasta ahora.

Cuando Galión llegó a ser procónsul de Acaya (Grecia) en el verano de 51 A.C., los judíos aprovecharon su venida y llevaron a Pablo a la corte. La acusación que presentaron contra él fue: "Este persuade a los hombres a honrar a Dios contra la ley" (v. 13). Lo que implicaron fue que era contra la ley romana. Mas Galión vio su duplicidad. Con justicia penetrante les dijo que si fuera un caso civil ("agravio") o un caso criminal ("crimen enorme") lo juzgaría. "Mas," continuó, "si son cuestiones de palabras, y de nombres, y de vuestra ley, vedlo vosotros." E iliminó el juicio de la corte. No tenía nada que ver con la ley romana.

Crispo, el prepósito de la sinagoga, había sido salvo antes (v. 8). Ahora el nuevo prepósito de la sinagoga, Sóstenes, fue azotado (v. 17). Tal vez esto haya ayudado a su conversión (véase I Corintios 1:1).

f. *Efeso y el regreso* (18:18-22). Cuando Pablo salió de Corinto llevó consigo a "Priscila y Aquila"—evidentemente ella tenía más habilidad que él. El apóstol

había hecho un voto—probablemente un voto nazareo—
en Cencreas, puerto del este de Corinto. De allí navegaron al este unas doscientas cincuenta millas por el Mar
Egeo a Efeso. Pablo dejó a sus compañeros allí y navegó
a Cesarea. De allí "subió a Jerusalén, y después de salu-
dar a la iglesia, descendió a Antioquía" (v. 22) para hacer su informe.

III. El Tercer Viaje (18: 23—21: 16)

1. *Asia* (18: 23-19: 41)

Evidentemente Pablo empezó en la misma dirección como en su segundo viaje, yendo al norte a Siria y
Cilicia y luego al oeste por Asia Menor. En su camino visitó las iglesias de Galacia.

El último párrafo del capítulo 18 nos habla del ministerio de Apolos en Efeso. Este era un judío natural de
Alejandría, Egipto, centro de la segunda universidad en
tamaño en aquel tiempo. Elocuente y bien enseñado en
las escrituras del Antiguo Testamento, sin embargo sabía solamente las verdades elementales de Jesús. Priscila
y Aquila le enseñaron más y decidió pasar a Corinto.
Su ministerio consistió principalmente en probar a los
judíos por medio de sus escrituras que Jesús era el Mesías.

a. *Efeso* (capítulo 19). Pasando por las regiones su-
periores, Pablo llegó a Efeso. Esta era una ciudad principal de la provincia de Asia, una gran metrópoli comercial, pero hoy día en ruinas. Aquí, el apóstol pasó
tres años (véase 20: 31), el período más largo que en
cualquier otro lugar.

Pablo encontró aquí una docena de "discípulos."
Evidentemente, algo les faltaba a ellos. Así que les preguntó: "¿Recibisteis el Espíritu Santo habiendo creído?"
(literalmente, según el griego). Dijeron que no habían
oído del Espíritu Santo. Sorprendido, Pablo preguntó:

"¿En qué pues fuisteis bautizados?" La respuesta fue: "En el bautismo de Juan." Pablo les habló de Jesucristo, quien Juan había anunciado como el Mesías. Luego estos doce aceptaron a Jesús como Salvador y "fueron bautizados en el nombre del Señor Jesús" (v. 5), y por primera vez llegaron a ser miembros de la comunidad cristiana. Después de esto Pablo les impuso las manos sobre ellos y recibieron el Espíritu Santo (v. 6). Estos discípulos de Juan el Bautista fueron convertidos a Cristo y también llenos del Espíritu Santo bajo el ministerio del apóstol. Estas dos experiencias de crisis se distinguen aquí con claridad.

Como en Corinto, el ministerio de Pablo tuvo dos fases. Por tres meses disputó con los judíos en la sinagoga (v. 8). Cuando ellos resistieron su mensaje se cambió a la escuela de Tyranno, donde enseñó diariamente por dos años. De este centro el evangelio se extendió por la provincia de Asia—a Colosas, Laodicea, y las otras ciudades mencionadas en el segundo y el tercer capítulos de Apocalipsis.

Hubo una gran hoguera de "libros" (v. 19)—rollos mágicos de papiro. Muchos rollos semejantes se han hallado por los arqueólogos. El valor total de las materias supersticiosas quemadas fue como de 10,000 dólares.

Pablo tenía el propósito de hacer un viaje por Macedonia a Acaya, navegar a Jerusalén, y entonces visitar Roma (v. 21). Envió a Timoteo y a Erasto a Macedonia, mientras se quedó en Efeso ("Asia") un poco más (v. 22). ¡No había tenido todavía el tumulto ordinario!

Pero pronto llegó. Como en Filipos, la persecución resultó por razones monetarias. Demetrio juntó a los dirigentes de los plateros que hacían templecillos de Diana y les avisó que el éxito del evangelismo de Pablo ponía en peligro el futuro de sus ganancias. Pronto los plateros estaban gritando: "Grande es Diana de los Efesios" (v. 28). De repente se juntó un tumulto y arrebataron a dos de los compañeros de Pablo, llevándolos al gran teatro, donde cabían como veinte y cinco mil personas. Aquí, por dos horas (v. 34) el gentío loco gritó desatinadamente, la mayoría de ellos sin saber por qué se habían juntado (v. 32). Al fin, el escribano apaciguó la multitud (v. 35).

El gran templo de Diana en Efeso era una de las siete maravillas del mundo antiguo. Había sido construído para cuidar "la imagen venida de Júpiter" (v. 35). Esto probablemente era un meteorito negro el cual los ancianos superticiosos creían que había venido de los dioses y por lo tanto poseía poderes mágicos.

2. *Europa y el Regreso* (20:1—21:16)

a. *Macedonia y Grecia* (20:1-5). Ya que había sucedido un alboroto, Pablo salió del pueblo. Anduvo por Macedonia—Filipos, Tesalónica, y tal vez Berea—hasta que llegó a Corinto ("Grecia"). Aquí pasó tres meses con esta iglesia que le había preocupado tanto (véase I y II Corintios). Estando para navegar a Siria (Palestina), se dio cuenta de que le fueron puestas acechanzas por los judíos—probablemente pensaban lanzarlo del barco a la mar—así que volvió por tierra por Macedonia. Llevó consigo representantes de las iglesias de Berea, Tesalónica, Derbe, Listra (Timoteo) y Efeso ("Asia"). Estos fueron delante de él a Troas.

b. *Troas* (20:6-12). En la primavera ("pasados los días de los panes sin levadura"), cuando podían navegar otra vez con seguridad, Pablo y Lucas ("nosotros" v. 6), navegaron de Filipos a Troas. Esta vez tomó cinco días, en comparación con dos en el viaje anterior (16:11). Esto se debió a los vientos contrarios.

Pablo se quedó una semana en Troas. Tenemos mención significativa por primera vez en los Hechos, del "primer día de la semana" (v. 7) como el nuevo día cristiano para el servicio de adoración, tomando el lugar

del sábado el último día de la semana de los judíos
(véase Apocalipsis 1:10). Los discípulos se reunieron para un servicio de comunión ("a partir el pan") y Pablo predicó hasta la media noche. Para entonces un oyen-
te se había dormido—había muchas lámparas encendidas
en el aposento alto—y se había caído de la ventana.
¡Impávido, Pablo lo pronunció vivo, y siguió su discurso hasta el alba!

c. *Mileto* (20:13-38). Después de predicar toda la
noche Pablo prefirió andar a pie todo el día las veinte millas o más a Asón. Evidentemente habían tenido un viaje duro desde Filipos—cinco días—y quería un paseo
quieto. En Asón—unas cuarenta millas por mar—o tomaron el barco y navegaron treinta y cinco millas a
Mitilene, donde pasaron la noche. Al día siguiente navegaron sesenta millas y se quedaron cerca de Chio, una
isla a cinco millas de la costa y famosa por ser el lugar
donde nació Homero, el primer escritor griego. Al día siguiente navegaron unas setenta millas a la isla de Samos,
suelo nativo del filósofo Pitágoras. Según algunos de los
manuscritos griegos se detuvieron en Trogilio, en la costa de Asia Menor. Debido al deseo de Pablo de estar en
Jerusalén el día de Pentecostés (v. 16), y tal vez por
causa de vientos noroestes, no entraron a Efeso pero
siguieron a Mileto, unas treinta millas de Samos.

Es interesante notar que cuando Lucas está con el
grupo, los apuntes del viaje son más completos y con
más detalles. Esto es natural y una prueba contingente
de la autenticidad del relato. También se refleja aquí el
interés de Lucas en la literatura griega y en la filosofía,
cuando menciona estos lugares de nacimiento. Era un
gran viajero y conservaba cuidadosamente un diario de
navegación de sus viajes. Probablemente Lucas haya leído
y viajado más que la mayoría de los cristianos del primer
siglo—era un caballero griego con múltiples deberes y
una personalidad generosa.

De Mileto, Pablo envió un recado a Efeso, treinta y cinco millas distante—y casi doble esa distancia por tierra o mar—y pidió a los ancianos de la iglesia de allí que vinieran. Les recordó su sufrido ministerio entre ellos, en público y en las casas (vrs. 18-21). Había testificado "a los judíos y a los gentiles arrepentimiento para con Dios, y la fe en nuestro Señor Jesucristo" (v. 21). Estas dos actitudes—el arrepentimiento para con Dios y la fe en Jesucristo—son exactamente lo que se necesita para ser salvo.

Pablo les impartió sus presentimientos de lo que le acontecería en Jerusalén (vrs. 22-23), mas declaró: "Pero de ninguna cosa hago caso" (v. 24). El anuncio triste era que ya no los vería más (v. 25). Había cumplido fielmente su ministerio en Efeso (vrs. 26-27). Ahora amonesta a los ancianos: "Por tanto mirad por vosotros, y por todo el rebaño" (v. 28). Esta es la orden apropiada de énfasis para todos los obreros cristianos; lo que somos es más importante que lo que decimos. Pablo sabía bien que los lobos amenazarían el rebaño (v. 29). Todavía peor, algunas de las ovejas se convertirían en cabras (v. 30). Lo único que el apóstol podía hacer era decir: "Os encomiendo a Dios, y a la palabra de su gracia: la cual es poderosa para sobreedificaros, y daros herencia con todos los santificados" (v. 32). Les recordó otra vez de su ministerio generoso en Efeso (vrs. 33-35). El versículo 35 cita un dicho de Jesús que se encuentra en los Evangelios: "Más bienaventurada cosa es dar que recibir"—una verdad hermosa que Pablo ejemplificó en su vida. Entonces se puso de rodillas e hizo una oración de despedida con estos ancianos.

d. *Tiro* (21:1-6). Saliendo de Mileto, el grupo misionero navegó "Con rumbo directo a Cos" unas sesenta millas de allí. Al día siguiente el barco cubrió las ochenta millas más o menos a la famosa isla de Rodas. Después de otro día de unas setenta millas llegaron a Pátara, en la costa de Licia. Allí hallaron un barco que pasaba a Fenicia y fueron en él. (Todavía se consideraban los barcos de Fenicia como los mejores). Navegaron unas cuatrocientas millas (como cuatro días) a Tiro, la ciudad principal de Fenicia. Allí pasó Pablo una semana con los cristianos.

El cuarto versículo contiene una frase extraña. Los discípulos en Tiro "decían a Pablo por el Espíritu, que no subiese a Jerusalén." ¿Desobedeció el apóstol al Espíritu Santo cuando siguió? Parece que la mejor manera de interpretar este versículo es que el Espíritu reveló a los cristianos que la vida de Pablo estaría en peligro en Jerusalén. Naturalmente le aconsejaron que no fuera. Pero él sintió que era la voluntad de Dios, y así siguió adelante.

e. *Tolemaida* (21:7). Este pueblo estaba como veinte y cinco millas al sur de Tiro por la costa. Es la ciudad moderna de Acre, la última plaza fuerte de las cruzadas y al otro lado de la Bahía de Acre de la actual ciudad de Haifa.

f. *Cesarea* (21:8-16). Treinta millas más adelante, y por la costa, estaba Cesarea, cuartel general del gobierno romano en Palestina. No se dice si el grupo anduvo o navegó; es probable que haya navegado. Herodes el Grande había construído un enorme muelle haciendo de éste, el mejor puerto en la costa de Palestina. Hoy Cesarea está en ruinas y Haifa es el puerto principal.

El grupo misionero se quedó en la casa de "Felipe, el evangelista," quien era "uno de los siete" (véase 6:5). Sus labores evangelísticas descritas en el capítulo ocho, le habían ganado este título singular. También tenía cuatro hijas solteras que eran predicadoras.

Mientras los misioneros estuvieron alli el profeta Agabo (véase 11:28) advirtió a Pablo otra vez la pena severa que esperaba al apóstol de Jerusalén. Como en Tiro, los discípulos le rogaron que no siguiera. Pero Pablo estaba listo "a morir en Jerusalén por el nombre del Señor

Jesús" (v. 13). Así que fue. El y sus compañeros subieron a Jerusalén, unas sesenta y cinco millas de distancia. Evidentemente se detuvieron de noche en la casa de Mnasón en Antipatrios o Jope, porque le llevaría dos días al menos para hacer el viaje.

PREGUNTAS

1. ¿Quiénes fueron los compañeros de Pablo en su segundo viaje misionero?

2. ¿En qué nuevo territorio entró Pablo?

3. Describa lo que sucedió en Filipos.

4. ¿Dónde principió Pablo su ministerio en Tesalónica y cómo fue recibido?

5. Describa el ministerio doble de Pablo en Atenas.

6. Relate lo que sucedió en Corinto, Efeso y Mileto.

CAPITULO VI

Jerusalén—Cesarea—Roma
(caps. 21:17—28:31)

Llegamos a Jerusalén (21:17); *llegaron a Cesarea* (23:33); *llegamos a Roma* (28:16).

I. JERUSALEN (21:17—23:35)

1. Cuando Llegamos a Jerusalén (21:17-40)

a. *Pablo entró . . . a Jacobo* (21:17-26). Pablo y su campañía fueron bien recibidos por la iglesia de Jerusalén (v. 17). Al día siguiente habló a la junta directiva de la iglesia ("todos los ancianos") acerca de su ministerio entre los gentiles (v. 18). El informe fue recibido con gratitud; pero entonces se hizo una proposición fatal. Los miles de cristianos judíos todavía estaban guardando los reglamentos del Antiguo Testamento. Circulaba el rumor de que Pablo enseñaba a los judíos de la Dispersión a no observar la ley. Para acabar con esta crítica se sugirió que se reuniera con otros cuatro hombres que tenían voto—probablemente un voto nazareo—para probar que "tú también andas . . . guardando la ley" (v. 24). En cuanto a los cristianos gentiles, ya habían sido librados de la obligación a la ley por los decretos del concilio en Jerusalén (v. 25). Conforme a su voluntad de hacerse "a todos . . . todos" (I Corintios 9:22), Pablo se unió con los hombres en el voto.

b. *¡Mátale!* (21:27-40). Los siete días de la purificación del voto (véase Números 6:9) casi habían terminado cuando unos judíos de Asia—donde habían odiado a Pablo (14:19)—reconocieron al apóstol en el Templo. Inmediatamente le echaron mano, acusándole de haber contaminado el lugar santo por traer griegos allí (v. 28). Basaron su acusación en que habían visto a un cristiano gentil de Efeso con Pablo en Jerusalén. Traer a un gentil dentro del templo—que no fuera el Patio de los Gentiles—era un crimen capital. En el museo de Estanbul hay una inscripción griega que antes estaba en la pared entre el Atrio de los Gentiles y el Atrio de las Mujeres. Dice: "A ningún extranjero se le permite entrar dentro de la balaustrada y la parte que rodea el Santuario. Quien sea sorprendido allí se hace acreedor al castigo de muerte que inevitablemente sucederá." ¡La cosa irónica es que hoy día ningún judío puede entrar en ese lugar! Es un sitio sagrado de los mahometanos.

Cuando la multitud quiso matar a Pablo, el tribuno de la compañía romana en Jerusalén lo salvó. La gente estaba tan enfurecida que los soldados tuvieron que llevarle por la escalera que subía a la "fortaleza" (Torre de Antonia). Pero antes de ser puesto dentro de la fortaleza, el apóstol pidió permiso para hablar a la gente. El tribuno estaba sorprendido de que Pablo hablara griego, pensando que era un revolucionario egipcio (vrs. 37-38). Pablo contestó con orgullo que era judío de Tarso, "ciudadano de . . . ciudad no obscura" (v. 39). Cuando se le dio el permiso de hablar a la gente, les habló en aramaico ("hebreo").

2. *Oíd la Razón* (capítulo 22)

a. *Soy judío* (22:1-5). Primeramente Pablo describió su vida como judío. Nacido en Tarso, había sido educado en Jerusalén a los pies de Gamaliel, uno de los rabinos principales de ese día. El, tanto como sus oyentes, era celoso de Dios (v. 3). En efecto, había "perseguido este camino hasta la muerte" (v. 4). El príncipe de los sacerdotes podría comprobar que Pablo había recibido cartas del Sanedrín ("todos los ancianos") dándole auto-

ridad de prender a los cristianos judíos en Damasco y
traerlos presos a Jerusalén para ser castigados (v. 5).

b.   *Me rodeó mucha luz del cielo* (22: 6-16). No fue
culpa de Pablo que no haya cumplido esta comisión. Jesús lo había detenido en el camino de Damasco y demandó su rendición. Obedeciendo el mandamiento de Dios,
se había convertido a Cristo y había sido bautizado (v.
16).

Esta es la segunda descripción de la conversión de
Saulo (véase capítulo 9). Una diferencia en detalle en
los dos relatos merece una palabra de explicación. En el
relato anterior dice que los compañeros de Saulo oyeron
una voz (9: 7). Aquí leemos: "no oyeron la voz de él que
hablaba conmigo" (v. 9). Pero en el primer pasaje "voz"
quiere decir "sonido" (véase Juan Wesley: "sonido").
Los viajeros compañeros de Saulo oyeron un sonido pero
no entendieron las palabras habladas.

c.   *Yo te tengo que enviar . . . a los gentiles* (22:
17-21). Pablo relató que en una visita a Jerusalén más
tarde Dios le había hablado en el templo. Cuando objetó,
el Señor dijo: "Ve, porque yo te tengo que enviar lejos
a los gentiles" (v. 21). Esta declaración enfureció a la
multitud.

d.   *Este hombre es romano* (22: 22-30). La reacción
de los judíos al discurso de Pablo fue tan violenta (v.
22-23) que el tribuno tuvo que mandar que lo metieran
al cuartel ("fortaleza"). Por si fuera un criminal peligroso, ordenó a los soldados que lo examinaran con azotes
(v. 24). El azote romano consistía en tiras largas de cue-
ro con pedazos de metal en los cabos. Muchos morían
bajo estos latigazos.

Pablo no vio ninguna razón para sufrir esto. Así que
dijo al centurión: "¿Os es lícito azotar a un hombre romano sin ser condenado?" (v. 25). La libertad del azote
era uno de los derechos de la ciudadanía romana. Inmediatamente el centurión informó al tribuno, el cual vi-

no de prisa. "Dime, ¿eres tú romano?" Pablo le aseguró que no solamente él, sino que su padre también había sido ciudadano romano—un honor que el tribuno no podía pretender (v. 28). El tribuno ya le había hecho mal a Pablo al atarlo (v. 29). Decidió llevar al apóstol ante el Sanedrín para ver qué tenían los principales de los judíos en contra de él (v. 30).

3.   *Clamó en el Concilio* (23:1-10)

   a.   *Yo con toda buena conciencia he conversado* (23:1-5). El apóstol inmediatamente declaró su inocencia. El sumo sacerdote, Ananías, exasperado, mandó a los que estaban delante de él que le hirieran en la boca. El apóstol respondió con una amonestación de juicio: "Dios te golpeará a ti, pared blanqueada" (v. 3).

   Muchas veces se ha hecho la pregunta de cómo es que Pablo podía decir que no reconoció al sumo sacerdote (v. 5). Puede ser que éste no estuviera en su silla acostumbrada a la cabeza del Sanedrín, o posiblemente la vista de Pablo ya era tan mala que le impidió ver quien fue él que habló.

   b.   *Yo soy Fariseo* (23:6-10). Cuando Pablo notó que el Sanedrín estaba compuesto de fariseos y saduceos, decidió dividirlos. ¡Que pelearan unos en contra de los otros en vez de todos en contra de él! Así pasó. Ya los fariseos estaban a favor de él (v. 9). Cuando pareció otra vez que estos airados religiosos despedazarían a Pablo, el tribuno lo llevó otra vez a la fortaleza.

4.   *Que . . . le Llevasen en Salvo a Félix* (23:11-35)

   a.   *Esta conjuración* (23:11-22). La noche después de la reunión del Sanedrín el Señor consoló a Pablo y le aseguró que vería Roma como había deseado (v. 11). Necesitaba este consuelo, porque el día siguiente cuarenta judíos hicieron voto de que no comerían ni beberían hasta que hubieran matado a Pablo. Le matarían cuando lo trajeran otra vez ante el Sanedrín.

Felizmente un sobrino del apóstol oyó las asechanzas e informó a su tío en la fortaleza (v. 16). Pablo lo envió al tribuno (v. 17).

b. *Llegaron a Cesarea* (23:23-35). Con mucha alarma, el tribuno tomó precauciones extraordinarias. ¡Pablo fue favorecido con una escolta de cuatrocientos soldados de a pie y setenta de a caballo! Salieron de noche, a las nueve, con órdenes de llevarle "en salvo a Félix, el gobernador" (v. 24). El tribuno escribió una carta a Félix, en la cual ocultaba la verdad, diciendo que él primeramente salvó a Pablo porque sabía que era romano (v. 27). Los soldados acompañaron a Pablo hasta Antipatris—como la mitad del camino a Cesarea—y luego dejaron que los de a caballo lo llevaran hasta Cesarea. Así que Pablo llegó a Cesarea a salvo.

II. Cesarea (capítulos 24—26)

1. *Félix* (capítulo 24).

a. *Príncipe de la secta de los nazarenos* (24:1-9). Cinco días después de que Pablo llegó a Cesarea, el sumo sacerdote y los ancianos descendieron de Jerusalén para presentar sus acusaciones a Félix. Trajeron consigo un orador Tértulo para actuar como abogado contra Pablo.

Tértulo empezó su discurso con mucha adulación típica. En este caso fue notoriamente insincera porque en vez de "grande paz" y "muchas cosas . . . bien gobernadas" (v. 2), el reino de Félix había estado marcado por tumulto constante y crueldad sin piedad. En realidad, la condición inestable de la nación se demostraba gráficamente por el tamaño de la escolta militar que acompañó a Pablo de Jerusalén. Los judíos despreciaban y aborrecían a Félix, mas su odio por Pablo permitió no hacer caso de esta adulación mentirosa.

Tértulo entonces presentó la acusación. El prisionero

era "una plaga y promotor de sediciones entre todos los judíos por todo el mundo, y cabecilla de la secta de los nazarenos" (v. 5). Peor que todo—ante los ojos judíos—había profanado el Templo. Los judíos lo hubieran juzgado, mas Lisias "con gran violencia" (¡) lo quitó de sus manos. Los judíos todos se unieron en un coro de común acuerdo (v. 9).

b. *Ni pueden probar* (24:10-21). Las primeras palabras de Pablo en su defensa presentan un contraste notable con las de Tértulo. Habló sencillamente y con verdad: "Porque se que desde hace muchos años ha eres juez de esa nación con buen ánimo haré mi defensa" (v. 10). No dijo qué clase de gobernador había sido Félix. Pero le ayudaría a Pablo que el gobernador supiera la situación de los judíos.

El apóstol declaró que solamente doce días habían pasado después de que llegó a Jerusalén de Cesarea (véase 21:27; 24:1). En la breve semana en Jerusalén no había tiempo para levantar una insurrección. Entonces negó completamente sus acusaciones: "Ni te pueden probar las cosas de que ahora me acusan."

En su discurso el apóstol hizo una gran declaración de su fundamento básico de vivir: "Procuro tener siempre una conciencia sin ofensa ante Dios y los hombres" (v. 16). Continuó diciendo el propósito de su visita a Jerusalén (v. 17). Los judíos de Asia, que lo habían alborotado, debían ser los que conducían la persecución (vrs. 18-19). Entonces desafió a los judíos de Jerusalén a que citaran una sola cosa que él había hecho mal (v. 20). La única cosa que posiblemente podrían mencionar era su alegación ante el Sanedrín (v. 21).

c. *Mas en teniendo oportunidad* (24:22-27). Félix, "estando bien informado de este camino" (v. 22)—es decir, consciente del conflicto entre el cristianismo y el judaísmo—propuso una decisión. Pablo tenía razón en su expresión de placer de que Félix había sido gobernador lo suficiente para entender la situación en Palestina. Al apóstol le fue dada considerable libertad (v. 23).

Unos días más tarde Félix vino con su esposa judía, Drusila, y pidió a Pablo que les hablara más de la nueva fe cristiana (v. 24). A los dieciséis años de edad esta biznieta de Herodes el Grande había encantado a Félix tanto con su belleza que la indujo a dejar a su esposo, el rey Aziz. No era de extrañar que el gobernador temblara cuando el apóstol disertó "de la justicia, del dominio propio, y del juicio venidero" (v. 25). Mas no estaba listo a confesar sus pecados. En vez de hacer eso, dijo: "Pero cuando tenga oportunidad te llamaré."

Pero su hora del arrepentimiento nunca llegó. Seguía hablando con Pablo, esperando un cohecho. ¡Un hombre que podía traer una ofrenda grande de Grecia, Macedonia y Asia Menor a los santos pobres en Jerusalén ciertamente podía pedir dinero para su libertad! Cuando no hubo tal cohecho, Félix dejó a Pablo preso, aunque sabía que merecía la libertad. Esperaba así ganarse el favor de los judíos. Pero cuando más tarde mató a un gran número de judíos en una insurrección en Cesarea, la nación demandó que lo regresaran a Roma. Festo tomó su lugar.

2. *Festo* (capítulo 25)

a. *Vinieron . . . los principales de los judíos contra Pablo; y le rogaron, pidiendo gracia contra él* (25:1-5). Tres días después de que Festo llegó a Cesarea como gobernador de Judea, visitó a Jerusalén. Aquí los principales de los judíos le presentaron el caso de Pablo y solicitaron que Festo hiciera que el prisionero fuese traído a Jerusalén. Pensaban matarle en el camino (v. 3). Pero Festo sabiamente respondió que Pablo quedaría en Cesarea y que " los que de vosotros puedan" (v. 5), debían ir allí para hacer sus acusaciones.

b. *A César apelo* (25:6-12). Cuando el tribunal se

abrió de nuevo en Cesarea, con el nuevo gobernador como juez, los judíos presentaron "contra él muchas y
graves acusaciones, las cuales no podían probar" (v. 7).
La respuesta de Pablo era aún más específica que en
el primer tribunal (24: 11-13). Ahora declaró: "Ni contra la ley de los judíos, ni contra el templo, ni contra César he pecado en nada" (v. 8).

Festo, queriendo congraciarse con los judíos, preguntó a Pablo si quisiera ir a Jerusalén. Pero el apóstol
le recordó que él sabía que era inocente (v. 10). Sabiendo
·qué destino le esperaba en Jerusalén, aprovechó de su
derecho como ciudadano romano y exclamó: "A César
apelo" (v. 11). Esto inmediata y automáticamente quitó
el juicio de las manos de Festo y lo transfirió al tribunal
de Roma;

c. *Agripa y Bernice* (25:13-27). Herodes Agripa II
era el hijo de Herodes Agripa I, cuya muerte se describe
en el capítulo doce, y por tanto, el biznieto de Herodes
el Grande. Drusila, la esposa de Félix, era su hermana,
como también lo era Bernice. Había bastante escándalo
sobre las relaciones de Agripa con su hermana. "Mucha
pompa" (v. 23) era muy característica de los Herodes.

Festo le habló a Agripa sobre el caso de Pablo. Igno-
rante de las costumbres judías, no podía comprender
preguntas hechas "acerca de su superstición" (v. 19).
Cuando Agripa expresó su deseo de ver a Pablo, Festo
consintió en tener una audiencia con solamente los tri-
bunos militares y principales hombres de la ciudad (v.
23). Festo indicó su deseo de que le ayudaran a formu-
lar una carta para mandar al emperador (v. 26), puesto
que él no sabía de ningún crimen real del que acusaban
a Pablo (v. 27).

3. *Agripa* (capítulo 26)

a. *He vivido fariseo* (26:1-5). Pablo empezó ex-
presando su placer de tener el privilegio de defenderse

ante Agripa, quien sabía "todas las costumbres y cuestiones que hay entre los judíos" (vrs. 2-3). Los Herodes, aunque originalmente edomitas, eran en parte judíos a causa del casamiento con la familia macabea.

Pablo afirmó que todos los judíos sabían su forma de vida desde su niñez. Sabían bien que había vivido fariseo (v. 5), la secta más rigurosa de la religión judía.

b. *Cuando los mataron, yo di mi voto* (26:6-11). Como Fariseo, Pablo había considerado su deber castigar a los cristianos. Esto hizo, no solamente en Jerusalén, sino "hasta en las ciudades extrañas" (v. 11). Cuando eran muertos, "yo di mi voto" (v. 10). Esta traducción correcta del griego sugiere que Pablo podría haber sido miembro del Sanedrín.

c. *Vi . . . una luz del cielo* (26:12-18). Este es el tercer relato de la conversión de Saulo (véase capítulos 9, 22), uno de los sucesos más importantes del primer siglo. Esta era la única, aunque suficiente, razón que Pablo podía dar por haberse convertido del judaísmo al cristianismo.

Era la comisión de Pablo abrir los ojos de los gentiles, para que recibieran dos cosas: "por la fe que es en mí, perdón de pecados y herencia entre los santificados" (v. 18).

d. *No fui rebelde a la visión celestial* (26:19-23). Pablo inmediatamente fue tan celoso en propagar el cristianismo como había sido en perseguirlo. El progreso rápido de su ministerio se indica: "en Damasco, y Jerusalén, y por toda la tierra de Judea, y a los gentiles" (v. 20). Fue por esto que los judíos querían matarlo (v. 21). Pero no predicaba más que lo que los profetas y Moisés profetizaron (v. 22).

e. *Por poco me persuades* (26:24-32). Para Festo la mención de la resurrección de Cristo era una tontería. A gran voz dijo: "Estás loco, Pablo; las muchas letras te vuelven loco" (v. 24). Pablo negó esta acusación, y entonces se volvió de Festo y apeló directamente al rey Agripa.

El tono de la respuesta de Agripa no se puede aclarar bien en el griego. Puede traducirse: "Por poco me persuades a ser cristiano;" "Con poca persuasión me harías cristiano" o "¡En poco tiempo piensas hacerme cristiano!" Es probable que Agripa fuera más cínico que sincero, aunque puede ser que haya sentido profunda convicción.

Con esto terminó la audiencia. El rey se levantó inmediatamente como señal de despedirlos. ¡No quería más llamada al altar! Pero en conferencia aparte estaba de acuerdo con Félix en que Pablo era inocente y podría ser librado si no hubiera apelado a César (v. 32).

III. ROMA (capítulos 27—28)

1. *Habíamos de Navegar Para Italia* (27:1—28:15)

a. *Cesarea a Creta* (27:1-8). Pablo y otros prisioneros fueron puestos bajo el cuidado de Julio, un centurión de la compañia Augusta. Salieron de Cesarea en una nave de Adrumentina, ciudad portuaria cercana a Troas. Aristarco de Tesalónica estaba en el grupo. El uso de "nosotros" muestra que Lucas también acompañó a Pablo en este viaje determinado por Dios. Durante los dos años que el apóstol pasó encarcelado en Roma, Lucas probablemente había pasado el tiempo en Palestina juntando los materiales necesarios para su Evangelio y la primera parte de los Hechos.

La nave se detuvo en Sidón, unas sesenta y cinco millas de Cesarea por la costa. Allí le fue permitido a Pablo visitar sus amigos (v. 3). Entonces navegaron al este de Chipre. A causa de los vientos contrarios quedaron junto a la costa de Cecilia y Pamfilia hasta que llegaron a Mira, puerto de Licia. Allí se cambiaron a una nave Alejandrina de grano que iba para Italia.

Parece extraño que una nave que iba de Alejandría,

Egipto, a Roma pasara por Asia Menor. Pero hacían esto regularmente a causa de los vientos del este que prohibían que navegaran directamente a Italia. Evidentemente había estos vientos del oeste, porque la nave tuvo dificultad en costear las doscientas millas a Gnido, en el cabo suroeste de Asia Menor. De allí navegaron despacio por el sur de Creta y a lo largo de la costa hasta Buenos Puertos, cerca de la ciudad de Lasea.

b. *Pablo amonestaba* (27:9-12). Habían perdido mucho tiempo, y ya era bastante tarde para navegar con seguridad. "El ayuno"—Día de la Expiación, en octubre—había pasado y toda navegación en el Mediterráneo cesaba desde el primero de noviembre hasta mediados de febrero. Pablo les amonestó: "Veo que la navegación va a ser con perjuicio y mucha pérdida" (v. 10). Pero la mayoría de la gente en la nave quería seguir para llegar al puerto más cómodo de Fenice, unas sesenta millas más al oeste junto a la costa.

c. *Siendo atormentados de una vehemente tempestad* (27:13-20). Cuando soplaba el austro—¡qué palabras significativas!—empezaron, quedándose junto a la costa de Creta. Pero de pronto un viento violento del noreste les azotó, y se encontraron forzados al mar profundo sin poderlo impedir. Así es con los que salen del puerto seguro del hogar y de las normas del Nuevo Testamento, tentados por los vientos suaves con sus placeres seductivos del mundo sólo para encontrar que sus barquillos frágiles son arrebatados por los ventarrones tempestuosos del noreste que les llevan inexorablemente por el mar de la vida, para naufragar en las costas del tiempo.

Los marineros tuvieron miedo de que diesen contra las arenas movedizas (v. 17) de la costa del Africa. Siendo "combatidos por una furiosa tempestad" (v. 18), al siguiente día "aligeraron" el barco arrojando algo del cargamento al mar. Evidentemente la nave estaba peligrosamente baja en el agua. Al tercer día arrojaron los aparejos de la nave (v. 19). Como la tempestad seguía sin tregua, toda esperanza de ser salvos se había esfumado (v. 20).

d. *Yo confío en Dios* (27:21-38). Fue entonces que Pablo probó ser el héroe en la nave. Les recordó la amonestación que les había dado (v. 21). Pero les impartió la seguridad de que Dios le había dicho que ninguna vida se perdería, aunque naufragaran en una isla (vrs. 22-26). Dijo: "Yo confío en Dios" (v. 25). Esta era fe verdadera.

Después de catorce días de ser atormentados por la tempestad, cuando eran llevados sin remedio por el mar Adriático, los marineros sospecharon que estaban cerca de alguna tierra. Posiblemente oyeron el ruido de la marejada lejana. Echaron la sonda y hallaron veinte brazas (120 pies). Cuando volvieron a echar la sonda hallaron quince brazas (90 pies). Con temor, echaron cuatro anclas de la popa y esperaron el amanecer. Pablo impidió a los marineros cuando éstos trataron de escaparse en el único esquife (vrs. 30-32). Exhortó a todos que comieran, y él mismo dio el ejemplo (vrs. 33-36). Los 276 pasajeros en la nave ayudaron a echar el grano al mar, para hacer llegar la nave tan cerca de la tierra como fuera posible (vrs. 37-38).

e. *Todos se salvaron* (27:39-44). Cuando se hizo de día los marineros descubrieron un golfo pequeño con una playa, donde esperaban echar la nave ligera. Dejaron las anclas en la mar, alzaron la vela mayor, y se iban a la orilla. Pero dieron en un lugar de dos aguas. La proa quedó hincada y sin moverse y la popa principió a abrirse con la fuerza de la mar.

Los soldados querían matar a los presos (v. 42). Pero el centurión tenía suficiente respeto para Pablo como para prohibir esto. Mandó a todos que salieran a tierra como pudieran. Unos nadaron, y otros se salvaron en pedazos de la nave. Todos llegaron a tierra sanos y salvos (v. 44).

Este capítulo es singular en el Nuevo Testamento

por su uso de términos náuticos. Demuestra que Lucas estaba acostumbrado a viajar por el mar, que conocía el lenguaje de la nave, y que era muy observador de todo lo que pasaba.

f. *Melita* (28:1-10). La isla de Melita—famosa durante la Segunda Guerra Mundial por ser el lugar más frecuentemente bombardeado—está a unas seiscientas millas de Creta. Cincuenta millas al sur de Cicilia, la isla tiene como diez y siete millas de largo y ocho de ancho. El hecho de que en medio de un viento del noreste hubieran ido directamente al oeste muestra que habían empleado bien el timón. La consecuencia natural hubiera sido perderse en la orilla del Sirte junto a la costa del Africa, cerca de Cirene (véase 27:17).

"Los bárbaros"—Lucas era griego—demostraron que eran humanos. A causa de la lluvia fría encendieron un fuego para calentar a los pasajeros y secar sus ropas. Cuando Pablo ayudó a recoger ramas para el fuego una víbora le acometió. La gente pensó que era un homicida, a quien la justicia no dejaría vivir. Pero muy sorprendidos, vieron que Pablo sacudió la víbora y ningún daño sufrió. Entonces creyeron que era un dios (v. 6).

El apóstol logró recompensar el hospedaje de los de Melita sanando a muchos de sus enfermos (vrs. 7-9). El resultado fue que cuando él y sus compañeros salieron de la isla, recibieron muchos honores (v. 10).

g. *Vinimos a Roma* (28:11-15). Felizmente otra nave Alejandrina de grano había pasado el invierno en el hermoso puerto de Melita. Los pasajeros naufragados abordaron esta nave. Cerca del primero de marzo navegaron al norte a Siracusa, en la isla de Sicilia, donde estuvieron tres días. Entonces navegaron otras setenta y cinco millas a Regio, en la costa de Italia. Allí tuvieron que esperar un día para un austro que les llevó en dos días a Puteolos, en la hermosa bahía de Nápoles. Este fue el fin del viaje.

Los hermanos cristianos de allá, esperaban a Pablo teniendo a Lucas y Aristarco con ellos por una semana. ¡Qué compañerismo agradable habrá sido! El hecho que el centurión permitiera esto revela el alto respeto que tenía por Pablo.

Entonces anduvieron las 125 millas a Roma. Algunos de los cristianos de allá anduvieron 40 millas—un viaje de dos días a la plaza de Apio para encontrarse con el apóstol. Diez millas más allá, en Las Tres Tabernas, otro grupo le dio la bienvenida a Pablo. ¡Cómo le habrá dado estímulo a su corazón! ¡No es de extrañar que "dio gracias a Dios y cobró aliento" (v. 15)!

"Y luego fuimos a Roma" (v. 14), o "así fuimos hacia Roma." ¡Qué horas agonizantes, qué experiencias inesperadas! Pero al fin Lucas pudo escribir: "Llegamos a Roma" (v. 16). Así es, y será en el viaje de la vida.

2. *Pablo . . . Quedó Dos Años Enteros* (28:16-31)

a. *Pablo convocó a los principales de los judíos* (28:16-22). El centurión entregó a todos los presos con salud. Parece que habló en favor del apóstol, porque a Pablo le fue permitido estar por sí, con un soldado que le guardara.

Después de tres días "Pablo convocó a los principales de los judíos" (v. 17). Les dijo la razón de estar allí. Es sorprendente que no hubieran oído nada de él desde Jerusalén (v. 21).

b. *Algunos asentían . . . algunos no creían* (28:23-29). En un cierto día muchos judíos vinieron a la posada de Pablo. Cuando exponía el Antiguo Testamento revelado a Jesús, el resultado natural siguió, igual como hoy: "Algunos asentían a lo que se decía, pero otros no creían" (v. 24). Pablo les dio una amonestación cuidadosa, y salieron, con gran contienda entre sí.

c. *En su casa de alquiler* (28:30-31). En vez de tener que quedarse en un calabozo, como probablemente le pasó antes de su ejecución (II Timoteo 4:6), a Pablo le fue permitido vivir dos años en un lugar provisto por la benevolencia de sus fieles amigos. Aquí, a pesar de ciertas limitaciones, continuó su ministerio de la predicación.

Así termina la historia del Libro de los Hechos. Pablo había alcanzado su meta de predicar en Roma, la ciudad capital del imperio. No podemos estar seguros de lo que pasó en seguida. Pero sí sabemos que por medio de sus Epístolas todavía predica hoy. De Pablo, tal vez más que de cualquier otro individuo, se puede decir: "Difunto, aun habla."

PREGUNTAS

1. ¿Qué pasó con Pablo en Jerusalén?

2. Describa el Juicio de Pablo ante Félix.

3. ¿Cómo terminó su juicio ante Festo?

4. Dé un resumen del discurso de Pablo ante Agripa.

5. Relate la historia del viaje de Pablo a Roma.

6. ¿Cuál es la escena final del Libro de los Hechos?

www.ingramcontent.com/pod-product-compliance
Lightning Source LLC
Chambersburg PA
CBHW021207020426
42331CB00003B/252